교회를 위한 전도가이드

KB191549

교회를 위한 전도가이드

지은이 김선일
펴낸곳 도서출판 새세대
초판발행일 2012년 6월 30일

홈페이지 www.newgen.or.kr
이 메 일 churchgrowth@hanmail.net
출판등록 2009년 12월 18일 제2009-000055호
주 소 경기도 성남시 분당구 정자동 210-1
전 화 031) 761-0338 팩 스 031) 761-1340

ISBN 978-89-967016-2-0-03230
책값은 뒤표지에 있습니다.

교회를 위한 전도가이드

김선일 지음

새세대

목 차

서문   6

1부 복음 전도 바로 알기

1장 상한 심령의 전도자   11

2장 거룩한 사랑에 눈뜨다   22

3장 전도의 궤도 수정   32

4장 여정의 동행   44

5장 나그네를 사랑하라   55

6장 어떻게 복음을 전할 것인가?   65

2부 복음전도 실행계획

1회 미래 성도 발견하기   78

2회 미래 성도를 위해 기도하기   84

3회 미래 성도를 섬기기   88

4회 아웃리치 계획   92

5회 영혼을 살리는 대화   101

6회 신앙으로의 초대   108

부록

영접기도문   115

복음제시 예화   116

서 문

복음전도는 하나님이 행하신 위대한 구원의 일을 전하는 교회의 사명
입니다. 오늘날 사람들을 교회로 데려오고자 많은 방법과 프로그램들
이 동원됩니다. 그러나 근래의 많은 전도 프로그램들은 복음의 본질인
하나님이 하신 일을 드러내고 하나님 나라의 삶을 전하기보다, 현세에
서의 물질적 행복과 자아실현을 약속하는 경우가 많습니다. 그러다 보
니 복음의 능력과 변화된 성품 보다 단기간에 사람들의 흥미를 끌 수
있는 인위적 기법과 재능에 전도의 초점이 맞춰지는 모습도 보입니다.
복음전도는 하나님이 하신 일에 초점을 맞추고, 하나님 나라의 평강과
기쁨을 전하는 것입니다. 따라서 전도자 자신은 하나님과의 바른 관계
에서 출발해야 합니다.

　　"이 세상에서 가장 쉬운 일은 남에게 충고하는 일이고, 가장 어려운
일은 자기 자신을 아는 일이다"라는 고대 그리스의 우화가 떠오릅니
다. 전도에 관한 책을 쓴다는 것은 솔직히 망설여지는 일입니다. 한국

교회에는 풍성한 전도의 열매를 맺은 이들도 많은데, 전공자라는 이력만으로 마치 전도의 새로운 해법을 내놓는 것으로 비쳐질까 조심스럽기도 합니다. 그러나 역설적이게도 이러한 망설여지는 사람도 전도를 말할 수 있는 자격은 있다고 생각되었습니다. 왜냐하면 전도에 관해 말하는 것은 하나님이 하신 일, 하실 일에 대한 기대와 감격을 나누는 일이기 때문입니다. 전도를 말하면서 사람의 능력과 업적을 앞세울 수 없습니다. 전도의 현장에서는 인간의 경험과 예측이 얼마나 부질없는가를 쉴 새 없이 보게 됩니다. 금방이라도 하나님을 믿고 교회에 나올 듯한 사람이 수십 년을 질질 끌며 버티기도 하고, 요지부동일 것 같은 강퍅한 사람도 한 순간에 인생의 참된 주인 앞에 쓰러지기도 합니다.

이 책의 1부는 전도에 관한 바른 이해를 모색하고자 했습니다. 전도의 주제들인 여정, 환대, 복음의 이야기 등을 다루었습니다. 2부는 교회에서 함께 전도의 계획을 세우고 실천하도록 안내하는 지침서를 실었습니다. 교회 전체나 소그룹, 혹은 개인적으로도 활용할 수 있도록 만들었습니다. 전도에 관한 여러 서적들과 사례들을 참고하고 간추려서 꼭 필요한 자료들을 본서에 담았습니다. 아무쪼록 이 부족한 책을 통해서 교회의 목회자와 성도들이 모두 함께 즐겁고도 신실한 마음으로 전도의 사역에 협력할 수 있기를 바랍니다.

2012년 6월

김 선 일 목사

1부

복음 전도 바로 알기

1

상한 심령의 전도자

· 전도, 그 숭고함과 죄책감 사이에서
· 상한 심령, 전도의 토대
· 구원의 감격, 전도의 동기

"전도하는 일.

물론 힘듭니다. 하지만 기쁩니다.

예수님이 함께 하시니까요."

1장
상한 심령의 전도자

"하나님이여 내 속에 정한 마음을 창조하시고 내 안에 정직한 영을 새롭게 하소서. 나를 주 앞에서 쫓아내지 마시며 주의 성령을 내게서 거두지 마소서. 주의 구원의 즐거움을 내게 회복시켜 주시고 자원하는 심령을 주사 나를 붙드소서. 그리하면 내가 범죄자에게 주의 도를 가르치리니 죄인들이 주께 돌아오리이다…하나님께서 구하시는 제사는 상한 심령이라. 하나님이여 상하고 통회하는 마음을 주께서 멸시하지 아니하시리이다."(시51:10-13)

기독재단이 운영하는 대학에서 성경과 기독교에 관한 강의를 한 적이 있습니다. 첫 수업시간에 학생들에게 교회에 관한 긍정적인 경험과 부정적인 경험을 한 가지씩 쓰도록 설문조사를 했습니다. 그때 절반이 넘는 학생들이 긍정적인 경험을 기록하지 않았습니다. 반면 부정적인 경험은 거의 모든 학생들이 다 적었습니다. 그 중 가장 많은 학생들이 대표적인 부정적 경험으로 든 것이 바로 '전도'였습니다. 전도 좀 하지 말라는 겁니다. 교회의 대형화나 목회자의 윤리 문제가 아니었습니다. 바로 교회에서 가장 숭고하게 여기는 사명인 '전도'였습니다. 학생들은 대충 이런 불평들을 늘어 놓았습니다.

> "친구 만나러 약속 장소로 급하게 가는데 버스 타는 곳까지 따라와서 예수 믿어야 천국 간다고 하기에 바빠서 나중에 믿겠다고 했다. 그랬더니 '바쁘다고 지옥에 갈꺼냐?'고 호통을 친다."

> "공원 벤치에 앉아서 혼자 책 읽고 있는데, 갑자기 다가와서는 나에게 좋은 선물을 줄게 있다더니 무슨 책자를 꺼내서 일방적으로 읽는 것이다. 그래서 혼자 있고 싶다고 했는데도 막무가내다. 결국 재수 없어서 내가 그 자리를 떠났다. 욕을 한 바가지 해주고 싶었다."

전도는 요즘 세상에 그리 호감이 가는 단어는 아닙니다. 소통, 공감, 긍정, 배려처럼 멋드러진 말들이 얼마나 많은데 전도를 말하자면 솔직히 부담도 되고 세상에 떳떳하게 내놓기도 난감합니다. 지난 수

년간 한국 사회에서 개신교가 비호감의 종교로 전락하는데 일익을 담당한 것이 바로 무례하고 강요적인 전도이기도 합니다.

전도, 그 숭고함과 죄책감 사이에서

이렇게 되니 전도가 힘들다는 말이 곳곳에서 들려옵니다. 옛날처럼 전도지를 들고 길거리에서 복음을 전하는 이들의 모습은 이젠 이례적인 볼거리가 되었습니다. 기독교에 대한 거부감도 많아졌지만, 또한 먹고 살기가 편해져서 별로 교회에 올 필요성을 못 느끼기도 하고, 바쁘고 할 일도 많은 세상에 교회까지 올 여유가 없다는 이유들도 들려옵니다.

하지만 예수님의 말씀에 순종하려는 그리스도인이라면 결코 전도를 외면할 수 없습니다. 전도를 일컬어 '지상명령', 즉 주께서 주신 '가장 높은 명령', 또는 대위임령(great commission)이라고 합니다. 예수님께서 승천하시기 직전 우리에게 마지막으로 당부하신 명령이 전도의 명령입니다.

마태복음 28:19-20

너희는 가서 모든 민족을 제자로 삼아 아버지와 아들과 성령의 이름으로 세례를 베풀고 내가 너희에게 분부한 모든 것을 가르쳐 지키게 하라.

마가복음 16:15

너희는 온 천하에 다니며 만민에게 복음을 전파하라

사도행전 1:8

오직 성령이 너희에게 임하시면 너희가 권능을 받고 예루살렘
과 온 유대와 사마리아와 땅 끝까지 이르러 내 증인이 되리라

위의 성경구절들은 다른 표현들을 쓰지만 모두 동일하게 죽으시고
부활하신 예수께서 온 인류의 구원자이시며 주님이심을 전하라는 동
일한 명령을 담고 있습니다. 이렇듯 복음서의 기자들이 모두 전도의
명령을 예수님의 마지막 분부로 기록하였으니(사도행전과 누가복음의 기
자는 동일합니다) 전도는 그리스도인인 이상 모두에게 부여되는 사명임
이 분명합니다. 그래서 어떤 이들은 전도를 '어명'이라고 부르기도 합
니다. 왕이신 예수 그리스도께서 주신 마지막 분부이니 틀린 말이 아
닙니다.

그래서 전도에는 숭고함과 죄책감이 교차됩니다. 명령을 행하려고
보면 항상 의무감과 부담이 수반됩니다. 그러나 명령을 온전히 이행하
지 못할 때는 그로 인한 마음의 불편함도 만만치 않습니다. 사람은 누
구나 자기 의지대로 살고 싶은데 명령에 따라 무엇인가를 행하려 하면
아무리 당연한 명령일지라도 억지로 움직여야 하고 명령을 행하는 자

체가 불편함으로 자리 잡을 수 있습니다. 제 말을 오해하진 마십시오. 전도의 명령을 앞에 놓고 자기 편의대로 하고 싶을 때 해야 한다는 말은 아닙니다. 우리는 살면서 자신의 의지를 누르고 더 큰 뜻을 따를 때 진정한 만족과 기쁨이 온다는 것을 발견할 때가 한 두 번이 아닙니다. 하물며 우리를 지으시고 세상 만물을 다스리시는 주님의 명령에 우리의 의지를 복종시키는 삶은 더 깊은 행복의 원천이 아니겠습니까. 그렇다면 전도가 외부에서 강요되는 명령이 아니라 우리 내면의 동기와 기쁨에서 실천될 수는 없을까요?

상한 심령, 전도의 토대

시편 51편은 다윗이 밧세바와 간통을 행한 뒤 선지자 나단의 책망을 받고 하나님 앞에 참회하며 지은 유명한 시입니다. 그런데 저는 이 시편에서 전도의 중요한 단서를 찾습니다. 다윗은 처절하게 자신의 죄를 회개하는 가운데 자신의 사명을 찾습니다. 그것은 바로 죄인들이 주께로 돌아오도록 주의 도를 가르치겠다는 것(13절)이며, 또한 주를 찬송하며 전파하겠다는 것(15절)입니다. 다윗이 이런 말을 하는 이유는 그 자신이 엄청난 죄인이고, 동시에 놀라운 용서와 은총을 받았기에 가능합니다.

하나님의 마음에 합한 사람이라 불리는 다윗은 이 사건으로 인해 더 이상 다른 이들보다 우월감을 가질 수 없게 됩니다. 그는 오히려 상한 심령으로 다른 죄인들을 불쌍히 여기며, 그들에게 주께로 돌아오도록 전하는 자가 되겠다고 합니다.

여기에 전도의 중요한 토대가 있습니다. 전도는 승리감과 우월감에 도취되어 하는 것이 아니라는 말입니다. 우리는 전도의 숭고한 명분을 너무 앞세우는 경향이 있습니다. 우리 자신이 대단한 진리를 깨달은 양 그리고 천국의 명당자리라도 따 놓은 양 우쭐대며, 아직 예수 믿지 않는 이들을 내려다보진 않습니까?

오늘날 인간관계에서 가장 중요한 덕목은 '공감'이라고 합니다. 다윗의 겸손하고 상한 심령은 아직 하나님을 인정하지 않고 예수님을 알지 못하며 죄 가운데 살아가는 이들을 긍휼히 여기는 자세입니다. 그들을 나와 다른 죄인이라고 단정 짓고 판단하는 것이 아니라, 나와 같이 은혜가 필요한 자들이라고 공감하는 것입니다. 이러한 긍휼과 공감이 있을 때 전도를 자원하는 마음이 일어납니다. 나 같은 죄인을 살리신 주 은혜가 놀랍고 고맙기 때문입니다. 상한 심령은 전도에서 우리가 늘 돌아가야 할 견고한 토대입니다.

구원의 감격, 전도의 동기

상한 심령만으로는 충분하지 않습니다. 만일 상한 심령만으로 사람들을 대한다면, 우리의 표정은 너무도 심각하고 어두울 것입니다. 우리로 하여금 사람들에게 나서게 하는 동기는 '구원의 즐거움'이 되어야 합니다. 용서받고 회복된 감격이 있어야 합니다. 우리가 받지 못한 것을 남에게 줄 수 없습니다. 우리가 구원의 즐거움을 경험하지 못했다면 우리에게는 나눌 것이 없습니다. 그래서 다윗은 죄인들을 주께 돌아오도록 가르치기 위해서 자신에게 구원의 즐거움을 회복시켜 달라고 했습니다(12~13절). 전도는 구원의 즐거움을 회복케 하고, 진리를 발견하는 기쁨을 맛보게 해주는 그리스도인의 중요한 실천입니다.

> "전도는 빵을 찾은 거지가 다른 거지에게
> 그 빵 있는 곳을 알려주는 일이다."

위의 문장은 전도의 동기를 아주 간명하게 표현합니다. 정말 재미있게 본 영화를 다른 이에게 즐겁고 설레는 마음으로 알려준 적이 있습니까? 아주 맛있는 식당을 사람들에게 알려주면서 그 맛을 표현하면서 감탄해 본적이 있습니까? 정말 잘 어울릴 듯한 두 남녀를 소개해주면서 괜히 내가 흥분되고 조마조마했던 적이 있습니까? 이 모든 설렘과는 상상도 할 수 없는 큰 감격과 즐거움이 바로 전도에서 일어납니다. 사람이 변화되는 모습처럼 감동스러운 장면이 또 어디에 있겠습니까? 전도는 세상에서 가장 축복된 만남을 중매하는 일입니다. 지치고 피곤한 인생이 하늘의 아버지와 만나는 그 광경을 그리스도인이 목격하게 된다면 그는 감격에 겨워 눈물을 흘리지 않을 수 없을 것입니다. 제가 좋아하는 예화 중에 이런 이야기가 있습니다.

어느 날 하나님이 천사에게 세상에 내려가서 가장 아름다운 것을 하나 골라오라고 명령했습니다. 천사는 세상을 두루 살피다 미스 유니버스 대회에서 대상을 수상한 여성의 얼굴을 가져왔습니다. 최고 미인의 얼굴을 보신 하나님은 "사람들은 외모를 보지만, 나는 중심을 본다"고 하시며 돌려보냈습니다. 땅으로 다시 내려간 천사는 이번에는 티 없이 해맑은 갓난아기의 웃음을 가져왔습니다. 하나님은 빙그레 웃으시며 "참 귀여운 모습이구나. 그런데 어딘가에 더 감동적인 모습이 있을텐데…." 천사는 다시 내려가서 이번에는 정말로 하나님을 감동시킬 아름다운 그 무엇을 찾았다고 확신하며 돌아 왔습니다. 그것은 바로 순교자의 피였습니다. 하나님은 눈물을 글썽이며 순교자의 피를 보셨습니다. "끝까지 신앙을 지키다 죽어간 저들의 피를 내가 반드시 보상해주겠다! 하지만 세상에서 가장 아름다운 것, 모든 것을 다 주더라도 아깝지 않은 그 아름다운 것은 다른 데 있는 것 같다." 한참을 고민한 천사는 이제야 알았다는 듯 다시 세상으로 내려가서 접시에 무엇인가를 담아왔습니다. 그것은 바로 죄인이 주께로 돌아오면서 흘린 눈물입니다. 하나님은 그 눈물을 보시며 말씀하셨습니다. "그래, 가장 아름다운 것은 바로 이 눈물이다. 내 품을 떠나 타락하고 방황하던 인간이 다시 회개하고 돌아오면서 흘린 이 눈물, 이 눈물을 위해 내 아들이 죽었다."

당신은 주님을 모르던 사람이 눈물을 흘리며 돌아오는 감격의 변화를 목격하신 적이 있습니까? 인생에서 많은 가슴 벅찬 감동과 감격의 사건들이 있습니다. 그렇지만 예수님께로 돌아오는 그 변화의 순간만큼 아름다운 일은 존재하지 않습니다. 예수님을 만나는 일보다 존재를 뒤흔드는 격변은 없습니다. 지난 2000년 동안 수많은 사람들이 예수님을 만나 새로운 인생의 변화를 경험했습니다. 전도하는 사람은 이 아름다운 변화의 한 복판에 서게 됩니다.

물론 현실 속에서 전도는 쉽지 않습니다. 오히려 전도하다보면 무력감을 느낄 때가 한 두 번이 아닙니다. 최근 전도가 힘들어졌다는 얘기가 많이 들려옵니다. 그러기에 우리는 전도의 주체가 누구인지를 분명히 알아야 합니다. 전도는 하나님의 구원 계획에 동참하는 일이며, 하나님의 인간을 긍휼히 여기심에 공감하는 일입니다. 우리는 아무도 변화시킬 수 없습니다. 오직 예수 그리스도의 복음만이 인간을 새롭게 하는 능력입니다. 따라서 전도는 변화를 꿈꾸는 일입니다. 이 꿈이 있기에 인간의 판단과 경험만으로 포기하거나 좌절할 수 없습니다.

인도의 빈민촌에서 죽어가는 이들을 돌봐주던 테레사 수녀에게 기자가 질문을 했습니다. "수녀님, 매일 같이 허무하게 죽어가는 사람들을 돌보고 시체를 치우는 일을 하면 힘들지 않습니까?" 그러자 테레사 수녀가 이렇게 답했다고 합니다. "물론 힘들죠. 하지만 기쁩니다. 예수님이 함께 하시니까요."

오늘도 가족에게 친구에게 이웃에게 복음을 전하고자 상한 심령으로 기도하며, 정말 그 대상이 전도 될 수 있을까 걱정하며 힘겨워 하는 모든 이들에게 이 말을 적용하고 싶습니다.

"전도하는 일.
물론 힘듭니다. 하지만 기쁩니다.
예수님이 함께 하시니까요."

거룩한 사랑에 눈뜨다

· 전도의 근본을 묻다.
· 사랑을 상상하라.
· 하나님이 우리를 사랑하신다!

오래 보아야 예쁘다.
자세히 보아야 사랑스럽다.
너도 그렇다.

2장
거룩한 사랑에 눈뜨다

"아담에게 선악과를 따먹지 말라고 명령한 것은 하나님의 실수다. 만일 아담에게 뱀을 먹지 말라고 했으면, 아담은 분명히 뱀을 잡아 먹었을 것이고, 그러면 인류는 뱀에게 꼬임을 받을 일이 없었을 것이다."

미국의 유명한 소설가 마크 트웨인의 농담입니다. 만일 아담이 한국인이었다면 몸에 좋다는 뱀을 가만 놔두지 않았으리라는 우리끼리의 농담도 생각납니다. 마크 트웨인이 하고 싶은 말은 인간은 해야 할 의무적인 일이 있으면 그에 역행하고 싶은 심리가 발동한다는 겁니다. 그걸 자유의지의 발동이라고도 합니다. 내가 주체가 되고 싶은 심리, 내가 주인이 되고 싶은 심리입니다. 사람은 누구나 자기 의지에 따라 살고 싶은데 명령에 따라 무엇인가를 행하려 하면 아무리 당연한 명령일지라도 억지로 움직여야 하니까 싫기 마련입니다.

그러나 성숙한 그리스도인의 표지는 자기 부인에 있습니다. 신앙생활을 하면서 우리는 자기 의지를 누르고 더 큰 뜻을 따를 때 진정한 만족과 기쁨이 온다는 것을 발견할 때가 한 두 번이 아니죠. 우리를 지으시고 세상 만물을 다스리시는 주님의 명령에 우리의 의지를 복종시키는 삶은 그리스도인의 삶의 특권이라 할 수 있습니다. 전도도 마찬가지입니다. 앞서 예수님께서 우리에게 전도의 명령을 거듭 주셨음을 확인했습니다. 그렇다고 해서 과연 예수님의 대위임령은 어떠한 단서나 전제도 없이 무조건 기계적으로 이행해야 하는 명령일까요?

아닙니다. 예수님은 우리가 왜 세상에 나가서 복음을 선포하고 증인되는 삶을 살아야 하며 사람들을 제자의 삶으로 초대해야 하는지를 충분히 보여주고 가르쳐 주셨습니다. 예수님의 모든 행하심과 가르침이 모두 집약된 한 명령이 있습니다. 이 명령은 사실 대위임령보다 선행하는 명령이며, 논리적으로는 대위임령보다 더 큰 명령이라 볼 수도 있습니다. 그것은 바로 대 계명(the greatest commandment)입니다.

전도의 근본을 묻다

한 율법사가 예수를 시험하여 묻되 선생님 율법 중에서 어느 계명이 크니이까? 예수께서 이르시되 네 마음을 다하고 목숨을 다하고 뜻을 다하여 주 너의 하나님을 사랑하라 하셨으니 이것이 크고 첫째 되는 계명이요. 둘째도 그와 같으니 네 이웃을 네 자신 같이 사랑하라 하셨으니 이 두 계명이 온 율법과 선지자의 강령이니라(마22:35-40).

위의 복음서 이야기에서 예수님은 하나님을 사랑하고 이웃을 사랑하라는 계명을 주시면서 이 두 계명이 율법과 선지자의 강령, 즉 성경 전체의 말씀을 요약하는 핵심이라고 소개합니다. 예수님께서 직접 크고 첫째 되는 계명이라 하셨기에 우리는 하나님 사랑과 이웃 사랑의 계명을 대계명이라 부릅니다. 따라서 굳이 논리상의 우선순위를 따지자면, 이 중 사랑(하나님 사랑과 이웃 사랑)의 대계명이 예수님의 증인이 되라는 대위임령에 선행한다고 볼 수 있습니다. 다른 말로 해서, 전도의 명령은 사랑의 계명에 근거를 두어야 합니다. 오직 하나님을 사랑하고 이웃을 사랑하기에(out of love) 전도할 수 있는 것입니다. 빌 하이벨스 목사님의 책 제목(「사랑하면 전도합니다」)이 말하듯이 사랑하면 전도하게 되는 것입니다.

사랑이 전도의 기초이기에 그 사랑은 전도로 표현되어야 합니다. 미국 연합감리교단의 감독인 스코트 존스(Scott Jones) 목사님은 그의 책 「하나님과 이웃 사랑의 전도: 증거와 제자도의 신학」(*The Evangelistic Love of God & Neighbor: A Theology of Witness & Discipleship*)에서 사랑과 전도의 관계를 이렇게 말합니다.

> 비그리스도인을 충분히 사랑하지 않으면서 그들을 전도하는
> 것은 제대로 전도하지 않는 것이며, 그들을 전도하지 않으면
> 서 그들을 사랑한다고 하는 것은 제대로 사랑하지 않는 것이
> 다. 따라서 하나님을 사랑한다는 것은 비그리스도인 이웃을
> 전도함으로 사랑하는 것이며, 또한 그들을 사랑함으로 전도하
> 는 것을 의미한다.

사랑과 전도는 결코 분리될 수 없는 관계입니다. 그리스도인에게
전도의 명령이 숭고한 이유는 그리스도인의 삶은 사랑으로 충만해야
하기 때문입니다. 또한 성경 전체의 중심 주제는 바로 하나님의 사랑
입니다.

오늘날 전도가 힘들어졌다고 하며, 교회에 안다니는 사람들 뿐 아
니라 교인들마저도 전통적인 전도 방식에 대해서 거부감을 갖는 이유
는 무엇일까요? 과연 우리가 행해왔던 많은 전도 행위들이 사랑의 계
명을 충실히 따랐을까요? 물론 우리는 너무도 사랑했기에 다소 막무
가내로 전도할 수밖에 없었다고 변명할 수도 있습니다. 그러나 진정한
사랑은 전적으로 상대를 배려하고 존중하는 일입니다. 아내를 감시하
며 폭언이나 폭행을 일삼는 남편도 아내를 너무도 사랑하기에 그런다
고 말하곤 합니다. 진정한 사랑은 강요하거나 내 뜻대로 조종하는 것

이 아닙니다. 예수님은 우리에게 이웃을 내 마음대로 사랑하는 것이 아니라 내 자신처럼 사랑하라고 하셨습니다.

그리스도인은 항상 자신을 먼저 돌아봐야 합니다. 복음 전도의 사랑이 나 중심적인 사랑이었는지, 아니면 상대를 인격적으로 존중하며 대한 사랑인지 말입니다. 우리가 열심히 사랑하고 인격적으로 복음을 전한다고 해서 비그리스도인들이 꼭 예수님께로 돌아온다는 보장은 없습니다. 하지만 우리의 고집과 편견이 복음을 전하는데 걸림돌이 되어서도 안 됩니다. 사실 많은 비그리스도인들이 기독교에 거부감을 보이는 큰 이유 중에 하나가 복음의 내용이 아니라 복음을 전하는 우리의 태도 때문이기도 합니다. 20세기의 저명한 커뮤니케이션 학자 마샬 맥루한은 '매체가 곧 메시지이다'라는 유명한 말을 남겼습니다. 우리가 전하는 복음의 내용 뿐 아니라 우리 자신이 곧 복음이어야 합니다. 복음은 하나님의 사랑인데, 그 복음을 전하는 매체인 우리에게서 사랑이 느껴지지 않는다면 우리라는 존재가 복음을 가로막고 있는 셈입니다.

사랑을 상상하라

사실 '사랑이 전도의 기초다', '사랑하면 전도한다'는 말이 그리 새롭게 들리지는 않을 것입니다. 그럼에도 불구하고 많은 이들이 전도에 소극적인 이유가 무엇일까요? 물론 전도에 대한 두려움이나 복음에 대한 무지함도 원인입니다. 그러나 더욱 본질적인 문제는 신자들이 삶에서 영혼을 압도하는 하나님의 사랑을 충분히 느끼지 못하는데 있습니다. 매년 은행업계에서는 휴면 예금 찾아주기를 시행한 적이 있습니다. 무려 1천억이 넘는 액수의 예금이 별다른 거래 없이 잠자고 있다고 합니다. 상당수 예금주가 자신의 돈이 휴면 계좌에 잠긴 줄도 모르고 있는 셈입니다. 우리 안에도 그리스도의 엄청난 사랑이 잠자고 있는 것은 아닐까요? 전도의 실천은 우리 안에 있는 다른 이들에 대한 그리스도의 긍휼과 사랑을 일깨워줍니다. 그러면 어떻게 해야 이웃을 사랑하는 마음이 생기고, 그 사랑으로부터 이웃을 전도하러 나아가게 될까요?

가장 먼저, 우리는 기도해야 합니다. 우리 주변에 아직 하나님을 모르는 이들, 예수님을 만나지 못한 이들을 긍휼히 여기며 사랑하는 마음을 달라고 기도해야 합니다. 우리 스스로는 나와 별다른 친분이나 이해관계가 없는 이들을 선뜻 사랑하고 전도하기란 쉽지 않습니다. 그래서 기도해야 합니다. 전도한다는 것은 우리의 본성으로 도달할 수 있는 경지가 아니기 때문입니다. 그들을 향한 하나님의 마음을 품게 해달라고 기도해야 합니다. 그들을 하나님이 여전히 기다리시며 귀하게 여기시는 소중한 존재로 보게 해달라고 기도해야 합니다.

기도함과 동시에 우리에게 임한 하나님의 크신 사랑을 다시금 묵상해야 합니다. 거룩하신 하나님 앞에 아무 내세울 것 없는 죄인인 우리를 받아주신 그의 은혜와 사랑에 진심으로 감사한다면 우리는 그 누구도 무심히 예사스럽게 볼 수 없습니다. 한 사람 한 사람이 하나님 앞에서 얼마나 소중한 존재인지를 상상하십시오.

제가 좋아하는 시 가운데 요즘 서울시 광화문 앞에도 걸려 있을 정도로 유명해진 시가 있습니다. 바로 나태주 시인의 풀꽃이라는 시입니다. 내용은 다음과 같습니다.

오래 보아야 예쁘다.
자세히 보아야 사랑스럽다.
너도 그렇다.

아직 친하지도 않은 한 사람을 향해 사랑의 마음을 품는다는 것은 말은 고결하지만 행동은 쉽지 않습니다. 가족도, 친구도 아닌 사람을 단번에 사랑하고 긍휼히 여긴다는 것은 비현실적으로 보입니다. 그 사람을 위해 하나님께 기도하고 그를 사랑하는 마음을 달라고 구해야합니다. 그리고 우리가 해야 할 일은 시간을 두고 그 사람을 보는 것입니다. 그 사람의 이야기에 귀를 기울여 보십시오. 사람을 알기 시작하면 그 사람의 행동을 이해할 수 있습니다. 그러면 어느덧 그를 사랑으로 품을 수 있는 마음이 싹트게 될 것입니다. 처음부터 전도라는 소기의 목적을 달성하려 하기보다는 다른 사람들과 앎의 관계를 시작하십시오. 누군가 이렇게 말합니다. 우리말의 '아름다움'은 원래 어원이 '알다'에서 파생됐다는 것입니다. 따라서 아름다움은 앎-다움(knowingness)

이라는 것이지요. 반대로 아름다움의 반대말인 추함은 '모름-다움'이라고 할 수 있겠죠. 사람을 안다는 것은 그의 아름다움을 보는 것입니다. 그리스도인이 주위의 믿지 않는 이들을 대할 때 그를 알게 된다는 것은 그에게서 하나님의 형상으로 지음 받은 원래의 모습을 보며, 예수 그리스도를 통해 그 원래의 모습이 회복되기를 소망하는 마음을 갖는 것입니다.

요즘 상상이란 단어가 인기 있습니다. 하나님 사랑과 이웃 사랑을 실천하기 위해서는 먼저 상상해야 합니다. 왜냐하면 하나님께서 우리에게 보여주신 사랑은 우리의 평상심으로는 도무지 파악도 안 되고 느낄 수도 없기 때문입니다. 상상은 있지도 않은 일을 허망하게 공상하라는 말이 아닙니다. 이는 우리의 생각과 관심을 거룩한 일에 사로 잡히게 하는 일입니다.

전능하신 하나님이 죄 많은 인간을 아무 조건 없이 받아주시고, 그 유일하신 아들을 우리 죄를 사하고자 희생 제물로 드리셨다는 사실은 인간의 일상적 판단을 초월하는 일입니다. 사실, 우리는 예수님의 명령을 스스로 실천할 자격과 능력이 없습니다. 엄밀히 말해서 하나님을 사랑하고, 이웃을 사랑하라는 말씀 앞에는 대전제가 있습니다. 그것은 바로 하나님이 우리를 사랑하신다는 사실입니다.

하나님이 우리를 사랑하신다!

신학자 칼 바르트는 성경 전체를 한 마디로 요약해달라는 질문에 "Jesus loves me this I know for the Bible tells me so"(예수 사랑하심은…성경에 써있네)라고 답했다고 합니다. 예수님의 명령을 오해하지 마십시오. 하나님 사랑과 이웃 사랑을 하기 위해서는 먼저 하나님이 그 아들 예수 그리스도를 통해서 우리를 사랑하셨다는 전제가 중요합니다. 그리고 그 예수님을 따름으로 우리는 이 사랑의 이중계명을 실천할 수 있습니다.

하나님의 은혜와 사랑을 충분히 누려본 적 없는 사람의 섬김과 헌신은 주변을 어렵게 만듭니다. 사랑이 전도의 기초가 됩니다. 그러나 그 사랑은 나의 선한 의지를 억지로 발동해서 일어나지 않습니다. 하나님이 먼저 우리를 사랑하셨기에 우리도 하나님을, 그리고 그가 불쌍히 여기시는 우리의 이웃들을 비로소 사랑할 수 있습니다. 따라서 전도인의 삶을 살기 위해서는 먼저 우리를 강권하는 그리스도 사랑을 상상하십시오. 그리고 그 사랑의 마음을 달라고 기도하십시오.

전도의 궤도 수정

· 세일즈가 되어버린 전도
· 무례한 기독교, 무례한 전도
· 무서운 무관심

우리는 전도에 대한 성경적인 발상의 전환이 필요합니다.
그것은 바로 그리스도인 됨을 여정으로 이해하는 것입니다.

3장
전도의 궤도 수정

"우리 주위의 모든 사람은, 거대하고 외로운 도시에서, 바쁜 캠
퍼스와 가정에서, '누구 내 말 좀 제발 들어주세요!'라고 애원
한다. 우리는 그들의 부르짖음 속에서 '영혼의 소리'를 들을
수 있을 만큼 그들과 가까이 있는가?' - 레이튼 포드

인간은 누구나 사랑하고, 사랑받기 원하는 존재입니다. 그런데도 오
늘날 전도가 어렵다는 얘기가 자주 들리는 것은 어떤 의미에서 우리
의 전도가 사람들에게 사랑의 행동으로 느껴지지 않기 때문이 아닐까
요? 사람들은 전도를 받을 때 '사랑 안에서 전해지는 진리'가 아닌 감언
이설이나 무례한 강요를 경험하는 경우가 더 많습니다. 그래서 오히려
마음 문을 굳게 닫아 버리는 경우가 허다합니다. 그렇다면 사람들의
마음이 강퍅하다고, 또는 시대가 바뀌어 이제는 전도를 하면 안 된다

고 할 것이 아니라 전도에 대한 우리의 생각과 방식을 새롭게 검토해
봐야 되지 않을까요? 우리가 전도해 온 방식이 성경의 정신과 가르침
을 떠나 이 시대의 정신과 관습을 더욱 따르지 않았는지 겸손하게 진
단해 볼 필요가 있습니다.

세일즈가 되어버린 전도

현대 자본주의 사회는 소비를 중심으로 움직입니다. 그래서 세일즈
마케팅이 돋보입니다. 상품을 만드는 것보다 상품을 잘 파는 것이 훨씬
중요한 능력입니다. 광고와 제품 설명을 얼마나 잘하느냐가 관건입니
다. 우리는 이러한 세일즈 마케팅에 익숙해 있습니다. 그런데 혹시 우
리의 전도 방식도 은연중 이러한 마케팅 기법을 따르고 있지 않나요?

영업사원들이 현장에서 제품을 파는 방식과 과정을 한번 생각해 봅
시다. 먼저 잠재고객에게 최대한 친절하고 예의를 갖춰 접근합니다.
관심 여부를 물은 후 바로 제품에 관해서 간략히 설명을 해주는데, 얼
마나 혜택이 많은지를 강조합니다. 이 과정에서 소비자가 주의해야 할
점은 보통 생략합니다. 그리고 고객에게 지금 당장 선택을 하도록, 지
금 선택하지 않으면 다시 기회가 없을 것처럼 강요를 하죠. 이런 식으
로 잠재 고객을 채근해서 제품을 구입하는데 동의하도록 서명을 받아
내는 게 세일즈 마케팅의 목표입니다. 여기서 중요한 것은 현장에서
거래를 성사하는 것입니다. 제품을 구입하게 함으로 마침표를 찍습니

다. 그 이후에 더 이상 고객과 인격적 관계를 발전시키지 않습니다. 물론 에프터 서비스가 제공되긴 합니다만 그조차도 대부분 또 다른 제품의 고객으로 발전할 가능성을 염두에 둘 뿐입니다. 고객의 요청에 의한 일시적 대응일 뿐, 처음 거래 성사 과정에서 보여준 친근하고 성의 있는 접근은 더 이상 기대할 수 없게 됩니다.

그 동안 우리에게 익숙했던 전도 프로그램들을 봅시다. 사람들에게 최대한 친절하게 다가가서(접근), 질문과 복음 제시(제품 소개)가 주어지고, 영접 요청(구매 권유)을 하며, 거래 성사(결신 기도)의 순으로 이루어지지 않나요? 과연 이러한 만남에서 상호간의 인격적인 대화와 교류가 얼마나 일어날 수 있을까요? 아무리 현장에서 결신기도를 받아냈다 할지라도, 그러한 선택이 과연 얼마나 자발적이었을까요? 그리고 더욱 중요한 것은 예수님을 믿기로, 혹은 기독교 신앙에 관심을 표명한 이들에게 하나님의 자녀된 삶을 살도록 지속적으로 양육하는 일입니다. 노방전도와 집회전도를 통해서 허다한 수의 사람들을 결신시켰다는 현상의 이면에 진정한 회심자는 극히 적다는 통계들도 있습니다. 이런 면에서 세일즈 마케팅 식의 전도는 대폭 교정이 필요합니다.

노방전도 그 자체가 문제라는 말은 아닙니다. 길거리에서 만난 경우라 할지라도 복음을 급박하게 전해야 하는 상황은 언제든 있을 수 있고, 그러한 신비한 부르심에 순종해야 할 때도 있습니다. 하지만 노방전도만을 진짜 전도로 보는 생각은 바뀌어야 한다는 겁니다. 우리의 삶에서도 늘 스치고 지나가는 인연들을 좀 더 인격적인 관계로 발전시킬 필요가 있습니다.

무례한 기독교, 무례한 전도

가족모임에 초대된 어머님 교회의 목사는 "남겨진 시어머니에게 효도하고 싶으면 교회를 다녀야 한다"며 우리를 불효자 취급했다. 전도사였던 시누이 남편은 내 생일을 축하하기 위한 외식 자리에서 "이제 교회를 다니서야 합니다!" 침을 튀기며 웅변을 해댔다. 시이모님들도 동참하셨다. 시누이 남편이 경기도 외곽에 개척교회를 열던 날, 온 시가 식구가 함께 예배를 드린다고 했다. 계속되는 강권에 지친 나로서는 그 자리를 피하고 싶었다. 예배가 순조롭게 흘러가는가 했는데, 갑자기 연단에 서신 셋째 시이모님이 두 손을 번쩍 들고 외치시는 게 아닌가! "△△△네 부부가 교회 다니게 해주시옵소서!!" 이때부터였다. 이들이 '폭력적'이라고 느끼게 된 것은… 나는 시종일관 "사람이 어떻게 누가 믿으라고 해서 믿을 수 있느냐" "종교를 가질 생각이 없다"는 의사를 충분히, 분명히 표현해 왔다. 그런데 이들의 이유는 너무 단순했다. "너무 좋다"는 것이다. "뭐가 좋으냐"고 하면 "믿으면 모든 게 다 잘된다"는 것이다. "그게 말이 되느냐"고 따지면 "안 믿어봐서 모른다. 일단 믿어

보라"고만 했다. 너무나 억지스러워 대화하는 게 짜증이 났다. 일관되게, 딱 부러지게 거절했지만 이들은 포기를 몰랐다. 고통스러웠던 나는 이렇게도 호소해봤다. "전도 안 하고 가만히 둬 주시면 제 발로 교회 갈지도 몰라요." 하지만 내가 기대한 효과는 나타나지 않았다. - 한겨레신문 2012년 3월 30일자 기사 "어머니, 저 교회 다니기 싫다고요"

　위의 글은 한 여성이 자신을 억지로 교회 다니게 하려는 시댁 가족의 압력과 강요에 항변해서 쓴 글입니다. 이 글에 모두 동의하는 것은 아니지만, 우리의 전도가 강제적이고 무례하게 비쳐질 수 있다는 사실입니다. 아마도 우리가 오랫동안 일방적인 권위주의 문화 속에 살아왔기 때문일 수도 있습니다. 이런 문화에서는 나에게 동의하지 않으면 내 편이 아니라는 인식이 자리 잡고 있습니다. 그래서 강제로 내 편을 만들고자 무례하게 전도하게 되고, 사람들은 이러한 기독교를 매우 불편하게 여깁니다.

　한번은 지하철을 타고 가는데 어떤 분이 피켓을 들고 고래고래 소리를 지르며 전도하는 것이었습니다. 늦은 저녁이라 그 지하철 객차 안에 있던 분들이 대부분 피곤한 상태였을 것입니다. 그런데 이 열성 전도자 때문에 그 시간이 편할 리 없었습니다. 보다 못한 한 아주머니가 이의를 제기했습니다. 자신도 교회를 다니지만, 이 늦은 시간에 퇴근하는 분들도 배려하셔서 좀 조용히 해달라고요. 그랬더니 이 전도자가 더 큰 소리로 그 아주머니를 나무랍니다. '이 불충한 벙어리 같으니라고!' 심지어는 피켓으로 위협까지 하니 그 아주머니도 겁에 질려 더는 뭐라 못하시고, 이 전도자는 의기양양하게 옆 칸으로 이동하였습니다.

전쟁 상황이니 강요를 하고 위협을 해도 괜찮다는 생각이 아닐까요? 물론 전도는 영적 전쟁이 맞습니다. 인간이 본성을 따라 이성과 도덕적 의지로 복음을 받아들이고 믿음과 회개에 이를 수 없습니다. 성령의 능력이 아니고는 한 영혼이 그리스도께 나아올 수 없습니다. 하지만 영적 전쟁에 대해서 성경이 말하는 중요한 사실이 한 가지 있습니다. 영적 전쟁은 혈과 육에 속한 것이 아닙니다(엡6:13). 우리의 영혼과 마음을 공격하는 사탄은 우리가 물리적으로 싸우는 대상이 아닙니다. 영적 전쟁에서 우리가 실행해야 할 최선의 전략은 바로 기도입니다. 우리 눈에 보이는 성과가 없더라도 인내하며 기도하기를 포기하지 않는 것이 전도에서 가장 필요한 영적 전투력입니다.

물론 진지한 열정으로 전도에 임하는 것은 칭찬할만합니다. 하지만 그 열정이 공격적으로 다른 사람에게 표출되지 않도록 조심해야 합니다. 다니엘이 자기 민족을 위해서 기도할 때 하늘에서는 천사 미가엘과 사탄 사이에 전쟁이 일어났습니다(단10장). 그러나 다니엘은 현실에서 만나는 이교도들인 느부갓네살왕, 다리오 왕, 또한 바벨론 및 페르시아 관료들에게 온유하고 정중했습니다. 과격하거나 무례한 어법을 쓴 흔적이 없습니다. 그의 치열한 영적 전쟁은 오직 기도와 애통하는 마음으로만 이루어졌습니다. 오늘날 우리가 전도에서 배워야 할 자세입니다.

무서운 무관심

그런데 전도하려는 열정이 잘못 궤도를 잡은 위의 두 가지보다 더 한 문제가 있습니다. 그것은 가족이나 이웃 중에 하나님을 믿지 않고 예수님을 만나지 못한 사람들이 있는데도 전혀 전도할 관심도 안타까움도 없는 그리스도인들이 있다는 것입니다. 저는 이를 '무서운 무관심'이라고 부릅니다. 이 무관심은 오늘날 사람들을 가장 힘들게 만드는 병적 개인주의에서 출발합니다.

> 서울 광진경찰서는 10일 오후 5시 40분경 지하철 7호선 면목역에서 뚝섬유원지역까지 운행하는 열차 안에서 중학생 한모 양(13세)의 바지 등에 손을 넣고 추행한 뒤 뚝섬유원지역 화장실로 데려가 성폭행하려 한 혐의(아동·청소년 성 보호에 관한 법률상 강제추행 등)로 고교 중퇴생 장모 군(18세)을 구속했다고 24일 밝혔다. 경찰에 따르면 장 군은 피해자를 열차 문 쪽으로 밀어붙이면서 몸을 밀착시켜 움직일 수 없도록 한 뒤 추행을 했다. 키가 184cm인 장 군이 큰 덩치로 피해자를 가려 한 양은 구조요청을 제대로 하지 못했다. 한 양은 경찰 조사에

서 "한 여자 승객과 눈이 마주쳐 고개를 저으며 눈빛으로 구조를 요청했다"며 "그러나 상대방이 고개를 돌렸다"고 주장했다. 장 군은 한 양을 뚝섬유원지역에서 끌어내린 뒤 화장실로 데려가 성폭행하려 했으나 역무원이 뒤쫓아 오자 피해자와 연인 행세를 하기도 했다. 장 군은 이들을 연인으로 오인한 역무원이 별다른 조치를 하지 않고 사라지자 2층 승강장으로 한 양을 데려가 성추행을 계속했던 것으로 드러났다. (동아일보 2012년 2월 5일 기사)

위의 기사는 얼마 전 서울 지하철에서 일어난 여중생 성추행 사건에 관한 보도입니다. 한적하고 으슥한 곳이 아닌 많은 사람들이 함께 타고 있는 지하철 객차 안에서 성추행을 당했다는 게 놀랍습니다. 그 어린 소녀가 보낸 구원의 눈빛을 외면한 승객들, 순순히 성 폭행범을 보내주고 방관한 이들에게서 오늘날 무관심으로 얼룩진 현대인의 자화상을 보는 듯합니다. 나만 피해 안보면 되고 남은 어떻게 되든 말든 신경 안 쓰겠다는 이런 삶의 태도는 너나 할 것 없이 우리 모두에게 더 큰 재난을 몰고 올 것입니다.

마라톤의 유래를 아십니까? 마라톤은 그리스의 아테네에서 북동쪽으로 약 30Km 떨어져 위치한 평야입니다. 기원전 490년에 페르시아의 10만 대군을 맞아, 아테네군이 1만의 병력으로 이 마라톤 평야에서 전투를 벌이게 됩니다. 불과 얼마 되지 않는 거리에서 벌어지는 전쟁에 아테네 시민들이 불안하고 초조했습니다. 하지만 아테네군은 사령관 밀티아데스의 탁월한 전법으로 큰 승리를 거두게 됩니다. 원래 육상선수이자 전령이었던 페이디피데스는 이 승리의 소식을 알리고자 먼 거리를 쉬지 않고 달리게 됩니다. 그리고 아테네에 당도해서 우리가 이겼노라는 소식을 알리고 숨을 거두었다는 일화가 있습니다. 이때 페이디피데스가 뛰었던 거리를 약 40Km로 추산해서 마라톤이라는 종목이 생기게 되었다고 하죠.

저는 이 마라톤의 유래를 들으면서 한 가지 의문이 생겼습니다. 이미 대승을 거둔 마당에 페이디피데스는 왜 죽으면서까지 달려야 했을까? 아무리 아테네 시민들이 초조하게 전쟁의 결과를 듣고 싶다 해도, 죽기까지 달려야 할 급박한 상황은 아니었을텐데…. 하지만 그가 죽을 만큼 달렸던 데는 또 다른 이유가 있었습니다. 마라톤 전투에서 패배한 페르시아군은 주력부대를 당시 배에 승선시켜 해상으로 아테네를 공격하려고 했습니다. 즉, 또 다른 전쟁의 위협이 임박했던 것입니다. 따라서 페이디피데스는 아테네에 승리의 소식 뿐 아니라, 다가오는 위험의 경고도 전해야 했던 것입니다. 이것이 그로 하여금 목숨을 다해서 달리게 했던 이유입니다.

어디까지나 전설 속 이야기이지만, 그 전령이 왜 그리 급박하게 달려야 했는지 이해가 되었습니다. 승리의 소식과 경고의 소식, 이 두 가지를 알려주고자 그는 죽기까지 달렸습니다. 오늘날 그리스도인들도

이 두 가지 소식을 알려야 하는 긴박한 의무감을 갖고 있습니다. 예수 그리스도 안에서 우리에게 주어진 구원과 영생의 선물을 알려야 합니다. 동시에 하나님의 은총으로 주어지는 이 귀한 선물을 거부하는 자들에게 재난이 임할 것을 안다면 우리 모든 그리스도인들은 복음전도의 사명을 진지하게 생각하지 않을 수 없습니다. 이 세상에서 가장 확실한 사실은 누구나 죽는다는 것입니다. 우리 모두는 종말을 피할 수 없습니다. 개인에게는 죽음으로 그 종말이 분명히 다가옵니다. 시공간의 한계에 갇힌 인간은 죽음 그 이후를 누구도 장담할 수 없습니다. 오직 영원을 주관하시는 하나님의 섭리를 의지하는 것 밖에는 우리에게 다른 선택은 없습니다.

그리스도인은 묵비권을 취할 권리가 없습니다. 전도에 대한 무관심은 '무서운 무관심'입니다. 전도하지 않는 그리스도인 자신에게는 이 긴박한 사명을 유기한 것에 대해 주께서 후일에 책임을 물으실 것이기에 무섭습니다. 또한 우리가 성실하게 복음을 전하지 않았던 이들에게는 그들의 믿음 없음으로 인해서 초래할 재앙을 생각할 때 무서운 것입니다.

몇 년 전 초등학교에 다니던 제 딸에게 들었던 일화입니다. 토요일에 학교가 끝나고 교문을 나서면 어김없이 전도하시는 분들이 교문에서 기다리고 있다는 것입니다. 그 분들은 여러 가지 선물들(티슈, 장난감, 먹을거리 등)을 나누어 주며 아이들에게 말을 걸면서 자기 교회로 오라고 권하셨다고 합니다. 그러면서 딸이 저에게 물어봅니다. "아빠, 그런데 왜 우리교회는 전도하러 안와?" 그래서 저는 우리 교회도 전도를 하긴 하는데, 다른 방식으로 한다고 알려주었습니다. 각자의 삶 속에서 좋은 언행을 통해서 사람들을 설득하고 그들이 관심을 보일 때 예수님을 전하는 방식이라고 설명했습니다. 그러면서 저도 궁금해서 물어봤습니다. "그렇게 교문 앞에서 선물을 나눠주며 열심히 전도하는 분들을 보면 아이들은 뭐라고 하니?" 그러자, 당시 사춘기 연령이었던 중학생 큰 아이는 자기 친구들은 모두 "짜증난다"고 반응 한답니다. 둘째 아이의 대답이 인상적이었습니다. 초등학교 5학년 밖에 안 되는 아이들이 서로 이렇게 말한답니다. "야, 종교가 선물 때문에 믿는 거냐? 마음으로 진실하게 믿어야지!"

아이들의 가벼운 대화라고 하기에는 깊은 생각거리를 던져주었습니다. 초등학교 아이들도 종교는 진지한 세계라고 보는데, 우리는 기독교 신앙을 사람들에게 단지 재미있는 것, 기분 좋게 해주는 것으로 제시하지는 않지요. 그러면 전도에 세일즈 마케팅이나 전투적 대결의 이미지를 부여하지 않으면서, 동시에 상대방에게 믿든 말든 알아서 하라는 식의 무관심으로 대응하지 않는 복음 전도는 없을까요? 여기서 우리는 전도에 대한 성경적인 발상의 전환이 필요합니다. 그것은 바로 그리스도인 됨을 여정으로 이해하는 것입니다.

4

여정의 동행

· 모든 사람은 영적 순례자다
· 엠마오 길에서의 동행
· 과정으로서의 회심

전도를 하는 이들에게 필요한 것은 인내와 온유함, 그리고 그들의 곁에
있어주는 것입니다. 여정의 동반자가 되십시오.

4장
여정의 동행

기독교 신앙을 갖게 된 사람들을 조사해보면, 노방전도나 전도 집회를 통해 그 자리에서 단번에 예수를 믿고 완전히 변화된 사람들보다는, 어느 정도의 시간을 두고 지속적으로 그리스도인들과의 접촉 내지는 교회 생활의 탐색을 통해서 믿게 된 사람들이 훨씬 많습니다. 미국의 경우에는 70~90%의 사람들이 점진적으로 결신하였고, 우리나라의 경우도 약 300명 정도의 청년들을 대상으로 한 제한된 조사이긴 하지만 90% 이상이 어느 정도의 시간을 거쳐 신앙을 가졌다고 합니다. 즉, 대부분의 사람들이 신앙을 갖게 되는 과정은 이벤트 경험 보다는 서서히 목적지로 나아가는 여행과 같다는 것입니다. 따라서 바른 목적지로 방향을 잡는 것이 여정 전도에서는 가장 중요합니다.

모든 사람은 영적 순례자다

여정 전도라는 개념은 성경에 기반해 있습니다. 인간은 하나님의 형상으로 지음 받았기에 누구나 돌아가야 할 인생의 종착지가 있습니다. 그곳에 도달하기 위해서는 예수 그리스도와 만나야 합니다. 예수 그리스도를 만나는 일은 인간 스스로 할 수 없으며 성령께서 깨닫게 하시고 인도하셔야 가능합니다. 이런 의미에서 인간은 근본적으로 영적인 존재이며, 모두가 영적 순례자인 셈입니다. 다만, 그 순례의 길이 바른 방향, 즉 생명의 길로 가느냐, 멸망의 길로 가느냐의 차이일 뿐입니다. 사람들이 바른 목적지와 여정의 노선을 찾지 못했을 때, 그들은 헛된 길에서 헤매는 것입니다. 돈이나 쾌락, 명예, 권력, 관계의 집착이라는 잘못된 여정으로 빠지게 되죠. 그것이 바로 성경이 말하는 타락이라고 볼 수 있습니다.

히브리서에 의하면 그리스도인은 하늘의 본향을 사모하며 나아가는 자들입니다. 따라서 그리스도인이 된다는 것은 이러한 믿음의 길에 들어서는 것입니다. 이러한 의미에서 전도는 익명의 사람들에게 전도지를 나눠주거나 자신이 외운 대본만 일방적으로 선포하는 것만으로 충분하지 않습니다. 좀 더 온전한 전도의 실천은 생명의 길을 찾는 이들을 위한 참된 '여정의 동반자'가 되어주는 것입니다. 예수님은 여정 전도를 위한 좋은 본보기가 되십니다. 이 예를 누가복음 24장 13절부터 32절에 나오는 엠마오 도상의 두 제자와 예수님의 대화에서 볼 수 있습니다.

엠마오 길에서의 동행

엠마오로 가는 두 제자의 이 이야기에는 여정 전도의 중요한 통찰들이 나옵니다. 이 이야기가 왜 전도와 관련되느냐고 의아해할 수도 있을 것입니다. 그러나 그리스도인이 되는 것은 단지 선생이나 능력자이신 예수를 아는 정도에서 그치는 것이 아닙니다. 그리스도인이 되는 것은 죽으시고 부활하신 예수님을 나의 주, 나의 하나님으로 만나고 고백하는 것입니다. 그런 의미에서 엠마오로 가는 두 제자가 예수님을 만난 이 이야기는 온전한 그리스도이 되는 좋은 예라고 볼 수 있습니다.

예수님이 부활하신 날, 두 제자가 예루살렘을 떠나 엠마오라는 시골의 어느 마을로 길을 가고 있었습니다. 예루살렘은 하나님의 임재가 있는 성전이 자리 잡은 곳입니다. 두 제자의 여정은 하나님의 품을 떠나 슬퍼하고 절망하는 인간의 모습을 상징적으로 잘 보여주고 있습니다. 잘못된 길로 간다고 볼 수 있습니다. 그때 예수님께서 이들에게 나타나십니다. 그런데 재미있는 것은 예수님께서 이들에게 나타나는 방식은 사도행전 9장에서 나중에 바울이 된 사울에게 나타나신 방식과는 전혀 다르다는 사실입니다. 예수 믿는 이들을 잡아 죽이려고 다메섹으로 가던 살기등등한 사울은 한 순간에 예수님을 만나 그 자리에서 말에서 떨어지고 잠시 눈이 멀게 됩니다. 다메섹에서 사울은 부활하신 주 예수 그리스도를 전격적으로 만나고 단번에 변화되는 경험을 했습니다. 그러나 누가복음 24장에서 엠마오를 향해 길을 가던 두 제자에게 나타나신 예수님은 다메섹 도상의 사울에게 나타나신 것과는 전혀 다른 모습이십니다.

먼저 예수님은 두 제자가 그가 누구인지 알아차릴 수 없을 정도로 슬그머니 그들의 길에 동행하십니다. 그리고는 두 제자에게 질문을 던지십니다. 자신이 부활하신 사실을 먼저 알려주고 선포하면서 믿으라고 하지 않으십니다. 예수님은 조용히 그들의 길 동무가 되어 주십니다. 두 제자는 예수님이 이스라엘 민족을 로마의 압제로부터 해방하는 구원자가 되리라고 기대했는데, 예수님이 너무 무력하게도 십자가에 달려 죽으시자 모든 희망이 다 물거품이 되어 슬픔과 좌절에 빠진 자신들의 비통한 심정을 토로합니다. 또한 바로 그날 아침 십자가에서 무참히 달려 죽으시고 돌무덤에 갇힌 예수께서 다시 살아나셨다는 해괴한 소문이 퍼지고 있으니 이들은 더욱 심란해합니다. 예수님은 이들의 이러한 고충과 기대, 실망과 근심을 모두 들으셨습니다. 다 들으시고 나서야 예수님이 전하려 하셨던 이야기를 하십니다. 여기서 예수님의 "미련하고…마음에 더디 믿는 자들이여…"라는 표현은 두 제자의 머리가 나쁘다거나 성경을 잘 모른다고 혼내는 꾸짖는 말이 아닙니다. 성경의 예언대로 죽으시고 부활하신 예수님을 받아들이지 못하는 그들의 우유부단함을 지적하시는 것입니다. 이해의 문제가 아니라 태도의 문제라는 것이지요. "이제 설명해줄 테니 잘 듣고 머뭇거리지 말고 결단하라"는 식의 강력한 초청이라고 볼 수 있습니다.

어느 덧 해가 뉘엿뉘엿 지고 있자 예수님에게 자기들과 함께 숙소에 가서 유하자고 강력하게 권유를 합니다. 숙소에서 음식을 함께 먹으려던 찰나 예수님이 빵을 떼서 축사하시자, 비로소 제자들은 눈이 밝아지면서 부활하신 영광의 주님을 알아차리게 됩니다. 예수님과 더불어 식사와 친교의 시간을 가지면서 이들의 영적인 안목이 열린 것입니다. 그 뒤로 예수님은 사라지셨지만 두 제자는 예루살렘으로 돌아가 예수님의 부활을 증언하게 됩니다.

예수께서 엠마오 도상의 두 제자와 충분한 시간을 두고 여정을 동행하면서 그들의 이야기를 들으셨습니다. 그들에게 복음과 구원의 의미를 바로 알려주시고, 또한 식사의 교제를 나누심으로 그들은 마음이 뜨거워지고 눈이 열리는 놀라운 회심을 경험합니다. 제자들은 이때까지 부활하신 온전한 주님을 만나지 못했습니다. 예수님이 이스라엘 민족만을 위한 정치적 해방자가 아니라 온 인류를 죄로부터 구원하시는 만유의 주이시오, 구세주이심을 비로소 깨닫게 됩니다. 그런 의미에서 엠마오 사건은 제자들과의 동행의 여정에서 있었던 온전한 의미에서의 전도이자 회심의 사건이라고 볼 수 있습니다.

이 엠마오 도상에서 예수님이 이들을 변화시키는 방법을 순서대로 기술하면 다음과 같습니다.

1) 동행과 질문(Asking): 13절 ~ 17절
2) 들으심(Listening): 18절~24절
3) 설명(방향을 잡아주심 Orienting): 25절~27절
   (성경을 바르게 가르쳐 주심)
4) 복음화 (Evangelizing): 28절~31절 (교제와 축복을 통해 제자들의 눈이 뜨게 됨)

위에 나오는 괄호 안의 영어 단어 이니셜들을 조합해보면 A-L-O-E 라는 단어가 나옵니다. 알로에(ALOE)는 강력한 살균 기능의 약재로도 쓰이고, 소화 기능을 촉진시켜주고, 뜨거운 햇볕에 화상을 입고 지친 피부를 진정시키는 역할도 한다고 합니다. 우리가 진정한 복음을 전한 다면 사람들은 그 복음의 능력으로 말미암아 치유되고 회복되지 않겠 습니까? 우리가 믿지 않는 이들의 인생 여정에 동반자가 되어, 그들의 삶에 진정한 관심을 갖고, 그들의 고민과 문제가 담긴 이야기를 기꺼이 들어준다면 치유와 회복의 복음이 전해질 기회는 더욱 더 풍성해지 리라 믿습니다.

저는 엠마오로 가던 두 제자가 예수님과 식탁의 교제를 하는 순간 눈이 떴다는 사실에 주목합니다. 사람들이 결신에 이르는 과정에서 관계와 친교의 힘이 얼마나 중요한지 알려주기 때문입니다. 우리는 흔히

예수 믿는 것을 관념적으로, 혹은 지적으로 예수님이 하나님의 아들이시고 우리의 죄를 용서하시는 구세주가 된다는 사실에 동의하는 것으로 여깁니다. 그래서 복음 전도를 하면서 구원 계획을 설명하고 인위적으로 동의를 끌어내려고 합니다. 물론 이러한 복음 선포와 증거는 전도 사역에 반드시 들어가야 할 필수적인 과제입니다. 어느 영혼도 예수 그리스도의 복음과 만나지 않고는 변화될 수 없습니다. 하지만 사람들은 언어로 전해진 복음의 내용 뿐 아니라 그 복음의 실체를 경험하고 싶어 합니다. 그리스도의 형상으로 새롭게 지음 받고 그리스도로 옷 입은 우리가 바로 복음을 만나게 해주는, 복음을 경험케 해주는 매개체입니다. 사람들은 우리의 변화된 삶을 보고 우리가 전하는 복음의 능력을 경험하기도 하는 것입니다.

과정으로서의 회심

다음에는 성인이 되어서 예수를 믿게 된 한 자매의 실제 이야기입니다. 이 이야기를 읽으면서 사람들이 그리스도께로 나아올 때 어떠한 여러 과정들을 거치는지 생각해보십시오.

어린 시절 시골에 살았는데, 새벽에 교회에서 들려오는 은은한 종소리에 대한 좋은 기억이 있었다. 청년기에는 대학문화에 깊이 빠져서 신앙에 관해서 생각할 틈이 없었다. 그래도 이따금씩 교회 앞을 지나치면서 다녀야겠다는 생각이 들곤 했다. 그러나 교회 안으로 스스로 들어오기는 쉽지 않았다. 세상과 교회가 너무 달라 보이고, 그리스도인이 되면 희생, 절제, 양보 등을 하고 살아야 할 것 같기 때문이다. 그럼에도 사람들은 이따금 자아성찰을 하게 된다. 사람이라면 누구나 인생을 제대로 잘 살아보고 싶은 마음이 생기기 때문이다.

지방에서 대학을 졸업하고, 대학원을 다니려고 서울로 올라왔다. 공부 따라가기도 버겁고 새로운 생활에 적응이 힘들었다. 그 때 같은 과 언니가 교회 행사에 참석할 것을 권유했다. 그것이 전도집회였던 것 같다. 그러나 권유를 받고 별다른 응답 없이 연락도 안하고 거절했다. 특별히 가고 싶은 마음이 없었다. 그 다음에 두 번째 권유를 받았는데, 지난번 일로 미안하기도 해서 참석하게 되었다. 전도 집회에서 말씀을 들으면서 마음에 끌리는 게 있었다. 예수를 믿으려는 사람들은 손들라고 해서 결국 손도 들었다. 그렇다고 예수의 죽음과 부활을 믿고 내 구세주로 받아들인 정도는 아니었다. 그것은 너무 심오하게 느껴졌다. 단순히 마음을 여는 과정이었고, 교회에 나가겠다는 생각이 들었을 뿐이다.

그러나 그때 참석해서 손까지 들었지만 바로 교회에 나간 것은 아니었다. 주일에는 늦잠을 잘 수 있다는 달콤한 특혜를 버리기가 너무 싫었고, 학교도 바쁘고 주일날 일어나기가 너무 힘들었다. 생활패턴을 바꾼다는 게 너무 어렵다. 얼마 뒤 목사님과 사모님이 직접 전화하셨다. 그래서 예의상 계속 거절하기 힘들어 교회에 참석하다가 계속 나가게 되었다.

그 후 초신자 성경공부 등에도 참석했는데 언제인지 뚜렷치 않지만 예수 그리스도를 주님으로 받아들이게 되었다. 세례자 교육을 3~6개월가량 받은 것 같은데, 세례를 받을 때 더욱 확실하게 구원받은 감격을 누리게 되었다. 내게 있어서 초신자 교육은 기독교 신앙에 점차적으로 동화되는 계기였던 것 같다. 성경구절을 읽으면서 내 삶을 성찰하고, 삶의 부정적 요소들을 배제하고 내 삶을 긍정적으로 바라볼 수 있게 되었다. 기본 교리 공부는 그냥 따라가는 수준이었지만, 그래도 나름대로 정리가 되었다. 무엇을 배웠는지는 잘 기억이 나지 않는다. 그러나 분명한 것은 어느 순간엔가 믿음이 자리 잡았다는 것이다.

위 이야기 속의 자매를 보면, 사람들이 그리스도께로 나아온다는 것은 때로 일련의 사건들을 거치는 지속적 과정임을 알 수 있습니다. 이것이 바로 신앙의 여정입니다. 그리고 몇 번의 흔들거림과 포기할 뻔 한 위기에도 이 여정을 계속 가능하도록 도와준 사람들이 있습니다. 누군가는 그녀에게 친구가 되어주었고, 교회로 인도하였으며, 누군가는 복음을 선포했고, 누군가는 예수님을 향해 돌아서고자 하는 그녀의 마음이 확고해지도록 계속 방문을 하고 권면을 해주었습니다. 이렇듯 사람이 어느 한 사람에 의해서 단 번에 예수께로 돌아오기 보다는, 여러 사람과 여러 만남을 통해서 점점 더 진정한 신앙의 세계로 들어서게 되는 경우가 많습니다. 따라서 전도를 하는 이들에게 필요한 것은 인내와 온유함, 그리고 그들의 곁에 있어주는 것입니다. 여정의 동반자가 되십시오.

5

나그네를 사랑하라

· 환대의 재발견
· 오늘날의 환대
· 환대의 실천은 참된 전도로 이어진다

그리스도인은 낯설고 서먹한 장막을 뚫고 사람들에게 가까이 다가서는 자가 되어야 합니다. 그것은 바로 인간의 몸을 입으시고 이 땅에 오신 예수님의 방식입니다.

5장
나그네를 사랑하라

*"타자를 나와 무관하지 않은 존재인 이웃으로 삼는 것이야말
로 예수님의 가르침이다."* - 김기석, 「바보이야기」 중에서

우리는 누구를 어떻게 전도해야 할까요? 한 동안 한국 교회들은 길거
리 전도에 집중했었습니다. 길거리 전도는 불특정, 익명의 다수를 향
한 전도라 할 수 있습니다. 지금도 길거리 전도를 통해서 적지 않은 사
람들이 그리스도께로 돌아오는 사례는 계속 들려오고 있습니다. 하지
만 그럼에도 불구하고 길거리 전도에 대해서는 다시금 돌아볼 필요가
있습니다. 오직 길거리 전도만이 복음 전도의 고유한 행위로 보는 주
장에는 선뜻 동의하기 힘듭니다. 서로를 제대로 알지도 못하는 상태에
서 불쑥 자신이 미리 준비해서 포장한 복음을 억지로 건네는 일이 과

연 하나님이 원하시는 전도의 모습일까요? 예수 그리스도를 통해서 이루어진 하나님의 엄청난 사랑과 용서의 복음이 겨우 한 장의 지라시처럼 버려져도 될까요?

요즘에는 관계전도, 또는 우정전도라는 용어가 많이 쓰입니다. 한번에 전도하려 들지 말고, 좋은 관계를 구축하면서 복음을 전하라는 것이 관계전도의 핵심입니다. 그런데 관계 전도 훈련을 받은 많은 이들이 솔직하게 느끼는 고민이 하나 있습니다. "전도하기 위해서 관계를 맺어야 하나요?" 인간적으로는 별 관심이 없는데도 불구하고, 전도라는 목적을 위해서 전도 대상자를 정해 접근하는 게 순수한 동기인가 하며 고민합니다.

환대의 재발견

필자 또한 관계전도를 구상하면서 이러한 질문을 갖게 되었습니다. 좋은 인상을 주고 관계를 맺으며 전도하도록 가르치는 관계전도 훈련을 받은 어떤 분은 그것이 자신이 다단계 판매 교육을 받은 것과 순서가 똑같다고 실토한 적도 있습니다. 길거리 전도와 마찬가지로 관계전도도 인격적 만남이 도구화된다는 딜레마에 놓이게 됩니다. 그래서 제가 주장하는 전도의 새로운 방향, 즉 관계전도의 대안은 환대를 통한 전도입니다.

환대(hospitality)는 나그네나 손님을 따뜻하게 맞이하는 행위입니다. 구약에서 환대의 명령은 출애굽 직후에 주어집니다. 나그네를 압제하지 말라는 분부는 이스라엘 백성들 또한 과거 이집트에서 나그네 신분이었음을 기억하라는 차원에서 주어집니다(출23:9). 이를 바탕으로 이스라엘의 하나님은 그의 백성들에게 나그네를 사랑하라는 더욱 적극적인 명령을 주십니다(신10:19). 적극적으로 나그네를 환대하는 일은 고대 근동 지방에서는 아주 유별나고 위험했습니다. 신원 보장이 안 되는 손님은 종종 도둑이나 강도로 돌변하는 일이 발생했기 때문입니다. 그래서 고대 중동지역이나 그리스 로마사회는 주인의 유익을 위해서, 혹은 뜻을 같이 하는 동료들을 위한 환대만을 장려하였습니다. 하지만 신구약 성경과 기독교 전통에서는 일관되게 조건 없는 환대를 명령합니다. 오히려 보답할 수 없는 이들을 영접하는 일이 본질상 하나님의 자비하심과 가깝습니다. 이러한 환대의 이야기는 성경에 가득합니다.

상수리 나무 아래서 손님들을 영접한 아브라함, 하나님의 천사들을 환대하여 소돔과 고모라의 멸망을 피한 롯, 아브라함의 늙은 종과 그의 낙타들에게 자기가 길은 물을 양보했던 리브가, 궁핍한 가운데서도 엘리야를 영접하고 기적을 경험한 사르밧의 과부, 앙숙으로 여기던 유대인을 죽음에서 구해준 선한 사마리아인의 비유 등등. 또한 마태복음 25장을 보면 주께서 마지막 심판 날에 양과 염소를 가르는 명백한 기준이 바로 이 환대의 실천입니다. 나그네와 병든 자, 가난한 자, 갇힌

자들을 돌봐주는 행위들은 모두 환대의 맥락에서 볼 수 있는 것이지요. 서신서들에서도 환대와 손대접은 기독교 공동체의 매우 중요한 실천 덕목으로 반복 강조되고 있습니다(롬12:13, 히13:2, 벧전4:9). 환대는 그리스도인의 선택 사항이 아니며, 특별히 남을 잘 접대하는 은사와 관련된 문제가 아닙니다. 환대는 믿음의 사람들 누구나 실천해야 하는 교회의 가장 중요한 전통이었습니다.

오늘날의 환대

현대 사회의 가장 도드라지는 특징 가운데 하나는 소외와 단절입니다. 이제는 이웃이라는 관계망이 서서히 자취를 감추고 있습니다. 사실 전도가 어려워진 이유 가운데 하나가 오늘날 이웃 간에도 서로를 모르고 홀로 살아가는 익명적 개인주의 때문입니다. 옛날에 우리는 이웃끼리 서로 이름을 알고 특별한 의도 없이도 쉽게 만나서 이야기 나눌 수 있는 생활 패턴 속에 있었습니다. 하지만 요즘은 옆집에 살면서도 서로 이름은 커녕 매우 형식적인 인사 외에는 교류가 없이 지내곤 합니다. 이런 사회 분위기 속에서 환대의 중요성을 다시금 생각해봐야 합니다. 현대인의 삶이 더욱 더 개인주의가 될수록, 현대인은 사실 속으로는 더욱 더 의미 있는 관계를 갈망할 것입니다.

크레딧 카드로 어디든 가서 식사나 쇼핑을 하고 결재할 수 있는 현대 여행자들과 달리, 고대의 나그네는 의지할 곳이 없는 절박한 이들이었습니다. 현지 주민들이 잘 곳과 먹을 것을 제공하지 않으면 매우 힘든 처지에 놓일 수 있는 사람들입니다. 그렇다면 오늘날 누가 환대를 받아야 할 나그네라 할 수 있을까요? 물론 당장 외국인 노동자들이 떠오를 수 있습니다. 또는 일반 사회로부터 자주 소외를 당하는 장애우들도 나그네라 생각할 수 있습니다. 분명 이들을 향해서 우리는 나그네를 사랑하라는 환대의 명령을 실천해야 합니다. 성경에서 나그네에 해당되는 단어는 stranger, 즉 낯선 자입니다. 인종적으로 다른 외국인이나 소위 '정상인'과 다르게 취급받는 이들이 일차적인 낯선 자들이겠지만, 또한 사회·문화적으로나 종교적으로 다른 이들도 낯선 자들입니다. 심지어 지리적으로 아무리 가까운 곳에 있어도 서로 인격적인 관계를 맺지 못하는 한 여전히 낯선 자라 할 수 있습니다. 그렇다면 오늘날과 같은 개인주의, 도시 사회 속에서 나그네란 바로 우리들 자신이라 해도 과언이 아닙니다.

오늘날 우리는 서로를 향해서 진짜 환대를 베풀어야 할 지경에 와 있습니다. 우리가 서로 낯선 자로 살기 때문입니다. 현대 기술문명의 발달로 몸은 편해졌지만, 정신적인 외로움은 더욱 심해집니다. 이웃한 사람들을 얼마나 알고 있으며, 얼마나 서로 교류를 하고 지내십니까? 우리가 자주 접하는 동네 상가의 세탁소 주인, 반찬가게 아줌마, 이발소 아저씨 등을 개인적으로 아십니까? 도시인들은 아파트나 빌라와 같은 조밀한 공간에 서로 모여 살고 있으면서도, 마음으로는 서로 멀리 떨어져 익명으로 살고 있습니다. 이렇게 이웃이 사라지고, 서로의 관계가 약해지는 것은 현대 사회의 가장 심각한 문제 중의 하나입니다. 이로 인해서 자폐증, 우울증 등과 같은 정신적 질환들이 날로 늘어나고 있습니다. 자라나는 아이들은 갈수록 사람들과 어울리며 긴장과 갈등을 조정할 줄 아는 능력을 상실하고 있습니다.

한번 우리가 자라온 어린시절의 동네로 돌아가봅시다. 동네마다 구멍가게들이 있고 가게 앞에는 널따란 바깥 마루가 있습니다. 그곳에서 어른들은 모여 이런 저런 이야기를 나누었고, 아이들은 골목에서 제기도 차고 공차기도 하며 놀았습니다. 적어도 제가 살던 집 반경 50미터 안에 거주하는 사람들을, 내 또래나 위아래로 10살 터울은 말할 것도 없고, 부모나 삼촌 이모들까지 어느 정도 안면을 트고 살았던 것 같습니다. 하지만 이제는 완전히 달라졌습니다. 아파트 엘리베이터 안에서 만나도 서로 아는 척을 안 하는 게 습관이 되었습니다. 이렇게 서로 남남이 되어 사회적 소외감이 깊어 가는 이 시대에 환대는 그리스도인들이 다시금 회복해야 할 중요한 덕목입니다. 환대의 명령을 꼭 외국인이나 타지인에게로 국한시킬 필요 없습니다. 우리는 이미 정서적, 문화적으로 낯선 자로 자리매김하는 시스템 속에 살고 있기 때문입니다. 환대의 대상은 다름 아닌 바로 우리의 이웃이며, 지인이며, 가족입니다.

환대는 비록 평범하게 살아가는 이 그 누구라도 하나님의 형상으로 고귀하게 지음 받은 존재라는 사실에 기초하고 있습니다. 사람들이 환영 받는 동시에 자신이 필요한 존재임을 느낄 수 있다면 환대의 일차적 목적은 달성된 것입니다. 단지 전도의 도구로 환대를 이용해서는 안됩니다. 전도라는 과업에 동원되는 대상으로 사람들이 특별 대접 받는 것은 환대가 아닙니다. 환대는 하나님의 은혜 안에서 나의 변화된 신분을 감사하며, 그 하나님의 시선으로 이웃을 존귀하게 여기며 사랑하는 훈련입니다.

환대의 실천은 참된 전도로 이어진다

환대는 자칫 관계가 전도를 위한 비인격적 수단으로 전락될 수 있는 관계전도의 맹점을 보완해줍니다. 관계전도와 환대는 다소 비슷하게 보일 수도 있습니다. 전자는 전도라는 목적을 위해서 관계를 사전 작업으로 본다면, 후자는 사람을 존중하며 서로의 사회적 관계망을 넓히는데 일차적 목표를 둔다는 점에서 다릅니다. 환대의 관점으로 자신의 주변을 둘러보면 전도의 새로운 길이 열릴 것입니다. 전도하겠다는 강박적 충동에서 사람들에게 접근하는 것이 아닌, 따뜻한 시선으로 사람들을 품을 수 있게 될 것입니다.

그리스도인은 낯설고 서먹한 장막을 뚫고 사람들에게 가까이 다가서는 자가 되어야 합니다. 그것은 바로 인간의 몸을 입으시고 이 땅에 오신 예수님의 방식입니다. 우리 또한 예수를 따르는 삶을 산다면 그분처럼 삶의 한복판으로 들어가야 합니다. 사람들에게 먼저 다가서고 말을 걸며, 필요를 나누는 환대의 삶에는 진정한 전도의 능력이 자랍니다.

저는 2005년 말 미국 유학생활을 마치고 가족과 함께 한국에 돌아왔습니다. 귀국하면서 우리 부부가 갖게 된 가장 큰 기도 제목은 미국에서 자란 두 딸이 한국 학교에 잘 적응하는 문제였습니다. 다행히 한국에 먼저 온 지인들로부터 정보를 얻고, 외국에서 살다온 아이들을 위한 특별 학급을 운영하는 공립학교 근처에 전세를 얻고 두 딸을 그 학교로 보냈습니다. 아이들의 한국 적응은 순조롭게 잘 이루어졌습니다. 그럭저럭 두어 달이 지나고 어느 날 두 아이가 집에 돌아와 흥분된 목소리로 "엄마, 아빠, 오늘 캐나다에서 우리랑 나이 똑같은 자매가 왔어요"라고 하는 것입니다. 그때 우리 부부는 아이들에게 환대의 정신을 가르칠 수 있는 적절한 시점임을 알았습니다. "얘들아, 너희들 처음 한국에 왔을 때 어떤 기분이었니?" "무서웠죠!" "그 아이들도 너희들 처음 왔을 때랑 똑같은 마음이다. 성경을 보면 하나님은 항상 손님을 잘 대해주는 사람을 칭찬하셨단다." 그러면서 우리 부부와 아이들은 캐나다에서 온 두 자매를 어떻게 환대할지 궁리했습니다. 일단, 환영 카드를 써서 자신에 대해서 5가지를 알려주고 작은 환영 선물을 준비하게 했습니다. 그리고 그 아이들에 관해서 5가지를 알아오라고 시켰습니다. 직접 보지는 못했지만 아이들이 나름 성의껏 환대를 실천했나 봅니다. 그 주말에 그 아이들의 엄마로부터 너무나도 고맙다는 감사 전화가 왔습니다. 자기 아이들이 학교 가기를 무서워했었는데 처음부터 좋은 친구들을 만나서 잘 적응하고 있다고 했습니다. 그 집 사정을 좀 더 들어보니, 아이들의 아빠는 캐나다에서 일하시고 엄마는 한국에서 공무원 근속 연수를 채우기 위해, 그리고 아이들에게 한국어도 가르칠 겸 잠시 나오신 것이랍니다. 2주가 채 지나지 않아, 그 두 아이는 우리 딸들이 다니는 교회 주일학교에 출석하게 되었습니다. 알고 보니 단 한 번도 교회에 가 보지 못했던 아이들이었지만, 나중에 세례를 받을 때까지 거의 결석을 하지 않았습니다. 그 엄마도 서서히 교회로 발길을 돌리기 시작했습니다. 나중에 알게 된 사실은 그 아이들의 아빠가 한국에 있을 때 불교방송국 PD였고, 나름 불교학을 공부한 분이라는 것입니다. 하지만 어찌할 도리가 없습니다. 아이들의 행복한 한국 적응이 목사의 두 딸을 통해서 원만하게 이루어지고 있으니까요. 우리 부부는 두 딸에게 그 아이들을 전도하라는 말을 한 적이 없습니다. 처음에 그 아이들이 교회에 다니는지, 안다니는지 묻지도 않았습니다. 단지 하나님 백성의 고유한 덕목인 환대를 함께 실천하자는 작은 동기 하나뿐이었습니다.

환대의 마음으로 우리 주변을 돌아보면 사랑해야 할 이웃들, 예수 그리스도의 복음을 나눠야 할 이웃들이 계속 발견됩니다. 우리는 날마다 그들을 스쳐 지나갑니다. 그런데 사람과 관계를 맺을 때는 먼저 다가가는 것이 중요합니다. 우리는 살아오면서 나를 가장 먼저 도와준 사람이 오래도록 기억에 남는 경우가 많습니다. 기다리지 마십시오. 가장 먼저 도와주는 사람이 되십시오.

6

어떻게 복음을 전할 것인가?

· 하나님께서 하신 일 vs. 인간이 하는 일
· 선포 vs. 증거
· 복음의 스펙트럼

증거란 자기가 보고 겪은 것을 말하는 것입니다. "태초부터 있는 생명의 말씀에 관하여는 우리가 들은 바요, 눈으로 본 바요, 자세히 보고 우리의 손으로 만진 바라" (요일1:1)

6장
어떻게 복음을 전할 것인가?

"집으로 돌아가 주께서 하나님이 네게 어떻게 큰 일을 행하셨
는지를 말하라 하시니, 그가 가서 예수께서 자기에게 어떻게
큰 일을 행하셨는지를 온 성내에 전파하니라." - 누가복음 8:39

동서고금을 막론하고 복음의 본질은 불변합니다. 하나님께서 그리스
도의 죽음과 부활을 통해 우리의 죄를 용서하셨고, 우리를 그의 나라
로 초대하셨다는 것입니다. 이러한 죄 용서와 하나님 나라의 영생을
선물로 받으려면, 오직 회개와 믿음으로 응답하면 됩니다. 성경은 하
나님께서 예수 그리스도 안에서 우리를 위하여 얼마나 큰일을 하셨는
가를 증거하고 있습니다. 인간이 구원받는 것은 오직 하나님이 하신
일 때문입니다. 하나님이 우리를 사랑하셨고, 하나님이 예수 그리스도

의 십자가 안에서 우리를 용서하셨고, 하나님이 우리를 예수 그리스도 안에서 그의 자녀로 삼으셨다는 것입니다.

그런데 의외로 우리가 전도할 때 이 복음의 핵심이 가려지는 경우가 많습니다. 특히 하나님이 무슨 일을 하셨는가 보다는, 하나님의 도움을 받아 우리가 어떠한 유익을 얻을 수 있는가에 초점이 맞춰지는 경향이 있습니다. 물론 복음이 우리의 삶을 지배하면 우리는 분명 변화된 삶을 살게 됩니다. 그러나 복음 전도에는 절대적 우선순위가 있습니다. 신약 성경에는 두 가지 메시지가 있는데, 하나는 예수 그리스도를 믿으라는 것이고, 다른 하나는 예수 그리스도의 가르침대로 살라는 것입니다.

하나님께서 하신 일 vs. 인간이 하는 일

이를 신학의 전문용어로 표현하면 '케리그마'와 '디다케'라고 합니다. 케리그마는 원래 복음을 선포하는 행위, 혹은 선포된 복음의 내용을 말합니다. 그리고 디다케는 가르침이라는 뜻으로서, 그리스도인의 생활 윤리를 가리킵니다. 앞서 말한 대로, 케리그마는 '하나님이 하신 일'이며, 디다케는 '인간이 해야 할 일'이라 할 수 있습니다. 물론 인간이 하는 일도 하나님께서 예수 그리스도 안에서 베푸신 용서와 은총에 응답하는 행위여야 합니다.

케리그마(Kerygma) = 하나님이 하신 일

             (예수 그리스도의 죽음과 부활을 통한 죄 용서와 은혜)

디다케(Didache) = (죄용서와 은혜를 힘입어) 인간이 해야 할 일

복음을 전하는 것은 바로 하나님이 하신 일, 케리그마를 선포하는 것입니다. 복음전도의 최우선적 메시지는 하나님이 세상과 인류를 위하여 그리스도를 통해 무슨 일을 하셨는가를 알려주는 것입니다. 성경은 하나님이 하신 놀라운 일들을 증거하고 선포하는 기록들로 가득 차 있습니다. 온 우주를 창조하시고 인간을 하나님의 형상으로 만드신 이야기, 이스라엘 백성이 이집트의 압제 아래서 고통 받는 소리를 들으시고 그들을 구하신 이야기, 그의 백성을 구원하고자 메시아를 보내시겠다는 약속, 그리고 그 약속대로 하나님이 친히 인간의 몸을 입고 오셔서 우리와 함께 하신 이야기, 하나님의 아들이신 예수께서 우리의 죄를 위하여 죽으시고 부활하신 사건, 예수 그리스도 안에서 우리를 하나님의 자녀 삼으시고 교회라는 새로운 가족으로 부르신 이야기, 집을 떠나 허랑방탕하게 살다 비참해진 상태에서 아버지에게로 돌아오는 아들과 그를 간절히 기다리는 아버지의 이야기, 세상 끝 날까지 함께 하시겠다는 예수님의 약속, 성령 안에서 우리에게 위로와 진리를 선물로 주심 등과 같은 하나님이 하신 일들로 풍성합니다.

기독교 신앙이란 일차적으로 하나님이 하신 일을 받아들이는 것입니다. 그런데 유감스럽게도 종종 복음 전도가 하나님이 하신 일에 초

점을 맞추기 보다는 인간이 하는 일로 기독교 신앙을 설명하려고 합니다. 특히 하나님께 호의를 얻고, 하나님을 통해서 유익을 얻기 위한 인간의 결심으로 왜곡되는 경우가 많습니다. 인간이 무엇을 해서 구원을 받는다면 그것은 타종교와 다를 바 없습니다. 물론 그리스도인은 하나님의 거룩하심과 같이 변화된 삶으로 나아가야 합니다. 아니 우리는 말로만 복음을 전할 것이 아니라, 삶으로도 전해야 합니다. 우리의 변화된 삶은 복음의 열매를 보여주는 강력한 증거입니다. 하지만 인간의 의지와 노력으로 거룩한 삶을 살지 못합니다. 우리로 하여금 거룩한 삶, 의미 있는 인생을 살게 하는 하나님의 은혜를 받아들이라는 것이 복음의 메시지입니다.

그런데 우리는 성경의 이 풍부한 복음적 메시지들을 제대로 살리지 못하고 매우 표준화되고 천편일률적인 소위 전도 대본만 달달 외우려는 경향이 있습니다. 신약성경을 보면 복음전도는 똑같은 대본을 낭송하거나 반복하지 않았습니다. 신약성경의 사도들은 그들의 생애에서 경험한 하나님의 구원의 은혜를 인격적이며 다양하게 선포했습니다. 물론 오직 하나의 복음만이 있습니다. 그 복음은 예수 그리스도 안에서 우리에게 주어진 죄의 용서와 구원의 은총입니다. 우리는 오직 자기가 주인 되어, 자기 힘으로 살겠다는 '죄'를 회개하고 예수 그리스도 안에서 값없이 주어진 구원의 선물을 받아들임으로 구원을 받습니다. 그런데 이 변함없고 절대적인 복음의 핵심에 이르는 통로는 사람에 따라, 상황에 따라 다양할 수 있습니다.

선포 vs. 증거

복음 전도는 우선 근본적으로 성경 말씀에 근거해서 하나님이 하신 일과 하나님의 약속을 선포하는 것입니다. 복음을 전하는 사람의 개인적인 사연이나 간증이 아니라, 하나님이 예수 그리스도 안에서 우리를 위하여 하신 일 말입니다. 이를 '선포'(proclamation)라고 합니다. 이 점은 분명히 해야 합니다. 전도는 먼저 하나님을 알려주는 것입니다. 그런데 선포만으로는 충분하진 않습니다. 아무리 화려하고 매력적인 내용을 말하더라도, 우리가 하는 말에 확신과 경험이 담겨 있지 않다면 사람들은 진정성이 없음을 감지할 것입니다. 그래서 복음전도에는 케리그마의 선포와 아울러 자신이 만난 예수님, 자신이 경험한 하나님의 은혜에 대한 '증거'가 수반되어야 합니다.

증거란 자기가 보고 겪은 것을 말하는 것입니다. 신약시대의 사도들이 전한 복음은 그들이 경험한 예수님에 대한 증거이기도 했습니다. "태초부터 있는 생명의 말씀에 관하여는 우리가 들은 바요, 눈으로 본 바요, 자세히 보고 우리의 손으로 만진 바라"(요일1:1). 사도들은 각자의 인생에 예수께서 찾아오셔서 그들을 변화시키사 새로운 사람으로 만드시고 영원한 소망을 주신 이야기를 전했습니다.

만일 우리가 지금 A.D. 1세기로 돌아가서 예수님을 만나서 변화된 사람들에게 물어본다고 상상해봅시다. 어떠한 경로를 통해서 예수 그리스도가 하나님의 아들이며 구원자이심을 생생히 경험하게 되었느냐고 말입니다. 예수님의 수제자였던 베드로에게 복음의 통로는 무엇이었을까요? 아마도 그가 예수님을 배신했음에도 불구하고, 주께서 그의 배신을 용서해 주시고 제자로 복권시킨 것이 아니겠습니까? 도마라면 무엇이라고 대답할까요? 다른 제자들이 부활하신 예수님을 보았다고 증언함에도 불구하고, 그는 고집을 부리며 믿지 않았습니다. 그런 도마에게 주께서는 오래 참으시고 친히 못박히고 상처 입은 몸을 만지라 하셨습니다. 막달라 마리아라면 무엇이 그녀로 하여금 예수 그리스도와 만나는 통로가 되었을까요? 아마도 당시에는 천대받는 여인이었음에도 불구하고 제자 가운데 하나로 받아주시고 부활의 첫 증인으로 삼으셨다는 사실일 것입니다. 키 작은 세리 삭개오는 어떻습니까? 당시 세리의 신분은 유대교 사회에서는 외면 받고 멸시받던 위치였습니다. 아마도 삭개오는 그의 신분 때문에 돈은 모았으나 친구 없이 외롭게 사는 이였을지도 모릅니다. 예수님이 지나가실 때, 삭개오는 나무 위에서 물끄러미 예수님을 바라볼 뿐이었습니다. 그런데 신기하게도 예수님은 삭개오를 알아보시고 그의 이름을 부르셨습니다. 그리고는 삭개오의 집에서 쉬어도 되겠냐고 물어 보십니다. 당시 유대인들은 세리는 로마군대에 부역하는 자들로서 부정한 외국인과 접촉했기에 부정한 자들이라고 여겼습니다. 그런데 예수께서는 세리인 삭개오의 집에 친히 가셔서 함께 식사하시고, 그를 아브라함의 아들이라고 칭하셨습니다. 삭개오에게는 바로 예수님이 친구가 되어주신 사건이 복음의 통로가 아니었을까요?

복음의 스펙트럼

선포와 증거를 복음전도에 적용하면 복음의 핵심과 통로라고 볼 수 있습니다. 복음전도는 빛 되신 예수 그리스도를 선포하는 것입니다. 그 빛은 삶의 굴절에 따라 다양한 색깔로 반사될 수 있습니다. 자신의 인생에서 고민하며 힘들어했던 그리고 부족하다고 생각했던 그 부분이 사실은 우리로 하여금 복음의 핵심 진리 앞으로 나아오게 하는 통로가 됩니다.

제가 아는 한 여성분은 어머니 뱃속에 있을 때 한국전쟁 중에 군인이셨던 아버지가 돌아가셨습니다. 몇 년 뒤 아직도 어린 나이에 자기 어머니도 돌아가셔서 고아가 되었습니다. 그래서 다른 친척 집에서 자라게 되었는데, 그 집이 기독교 가정이어서 자연스럽게 교회를 출석하고 하나님을 믿게 되었습니다. 그 분 말씀이 자신은 어릴 때 늘 아버지가 없다는 사실이 마음속에 가장 큰 슬픔이었다고 합니다. 친구들이 같이 놀다가 아빠 손잡고 집에 가는 모습을 보면 너무나도 부럽고 마음이 아팠다고 합니다. 그런데 교회에 다니면서 들은 자기 마음을 가장 위로하고 감동하게 했던 말씀은 하나님이 아버지시라는 사실이었다고 합니다. 그분에게는 아버지의 존재에 대한 경험이 없고 그 때문에 늘 허전했으나, 하나님이 자신을 사랑하고 지키시는 아버지가 되신다는 사실이 복음의 통로인 것입니다.

미국에서 유학할 때 한 중국인 청년을 만난 적이 있습니다. 그 청년은 제가 아는 한인 2세 목사님이 운영하는 성경공부에 참석하던 청년이었습니다. 그는 보스톤대학에서 물리학 박사학위를 받고 캘리포니아 공과대학에서 박사 후 과정 중에 있었습니다. 제가 그 청년을 집에 데려다 줄 일이 있어서 차에서 함께 이야기를 나누었습니다. 그에게 예수님을 믿냐고 묻자, 믿는다고 대답했습니다. 그래서 무엇 때문에 너는 기독교 신앙에 이끌리게 되었느냐고 물어보았습니다. 그러자 그 청년이 대답하길, 자신은 과학도로서 늘 우주의 기원에 대한 궁금증이 풀리지 않았다고 합니다. 과학은 보이는 세계의 현상을 연구하지, 기원에 대해서는 말해주지 않는다는 것입니다. 그러한 의문을 갖고 미국에서 공부하다 우연히 교회의 성경공부에 참석하게 되었다고 합니다. 거기서 창세기를 접하면서 자신이 창조주 하나님을 믿게 되어 자신의 학문세계가 바른 방향을 갖게 되었다고 고백했습니다.

위의 두 사람은 모두 예수님을 인격적 구세주로 영접하였으며, 예수 그리스도의 보혈을 통해서 하나님께서 주신 구원의 은총 외에는 의지할 것이 없음을 분명히 하고 있습니다. 그러나 그들이 처음부터 예수 그리스도의 구원 사역을 듣고 즉각적으로 인정한 것은 아닙니다. 그들의 굴절된 삶이 복음의 스펙트럼에 의해서 각기 다르게 비춰졌습니다. 그들은 그 스펙트럼의 근원인 참 빛이신 예수 그리스도를 만나게 되었습니다. 한 사람은 아버지 되신 하나님이라는 사실이 그에게 개인적으로 다가오는 복음이었습니다. 또 다른 사람에게는 창조주 하나님에 대한 신앙이 그의 지적인 의문을 종결시키는 복음이었습니다.

당신으로 하여금 예수 그리스도의 복음에 이르게 하는 통로는 무엇이었습니까? 이 통로는 저마다 다르게 사는 만큼 다양할 수 있습니다. 예수 그리스도의 복음은 어떤 이들에게는 죽음의 두려움을 이기고 영생의 소망을 품게 해주는 기쁜 소식일 수도 있습니다. 또 어떤 이들에게 예수 그리스도의 복음은 하나님이 오는 세상 뿐 아니라 현 세상도 다스리시기 때문에 오늘날 그의 뜻을 따라 의미있게 담대히 살아갈 수 있는 비전이 되기도 합니다. 또 십자가에서 고난과 죽음을 당하시고 다시 살아나신 예수 그리스도의 사역은 건강의 문제나 재정적 어려움으로 고통당하는 이들에게 위로의 복음이 되기도 합니다. 어릴 때 부모님을 여의거나 가족의 도움을 받지 못하고 살아가는 이들에게 그리스도의 복음은 우리를 그의 자녀로 삼으신 하나님의 은혜를 맛보게 합니다. 외로움과 우울함에 쉽사리 빠지는 이들에게 그리스도의 복음은 하나님이 그들의 생애에 함께 하셔서 동행하신다는 약속이 됩니다. 또한 교회에서 그들은 자신들이 돌봄과 사랑을 받는 존귀한 존재임을 발견하게 될 것입니다. 삶의 진정한 의미와 보람을 찾지 못하는 이들에게 그리스도의 복음은 이 세상이 눈에 보이는 것이 전부가 아니라, 더욱 숭고하고 영원한 가치가 있음을 알려줍니다. 과거의 죄와 실패로 인해 괴로워하고 죄책감에 빠진 이들에게, 복음은 모든 인류의 죄를 담당하신 예수 그리스도를 믿게 될 때 하나님이 그들을 용서하시고 새로운 삶의 출발을 열어주는 가능성입니다.

당신의 인생사가 하나님과의 만남을 통해서 어떻게 변화하여 바른 길을 가게 되었는지를 되돌아보십시오. 또한 당신이 예수 그리스도의 복음을 나누기 원하는 이들이 있다면, 그들의 당면 고민과 관심사는 무엇이며, 그러한 문제들은 주 예수 그리스도와 만남으로 어떻게 바뀌게 될지를 한번 상상해보십시오. 그리고 기도하십시오. 하나님께서 그들의 인생에 개입하시기를 구하십시오. 당신의 이야기가 그들에게 공감이 되고 그들로 하여금 하나님 앞으로 더 나아오게 하는 촉매제가 되도록 지혜를 달라고 구하십시오.

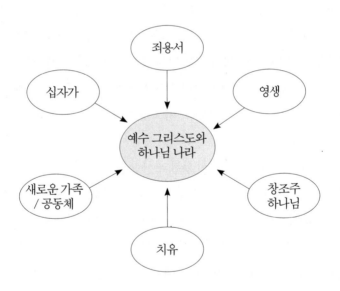

2부

복음전도 실행계획
Evangelistic Action Plan

이 책의 2부는 사람들로 하여금 자신들의 관계망에 있는 지인들을 실제적으로 전도하도록 돕는 실행계획안입니다. 이 계획안에서 전도 대상자는 '미래성도'라고 불립니다. 성경이 그리스도인을 부르는 가장 영광스러운 용어가 성도이기 때문입니다. 이미 성도된 자들이 교회에서 함께 모여 미래에 성도가 될 전도 대상자들을 위해 기도하며, 서로 지혜를 모으고 전도를 위하여 협력하도록 돕는 것이 본 실행계획서의 취지입니다.

2부의 내용은 6회에 걸쳐서 실제적인 나눔과 실천들로 구성되어 있습니다. 이 실행계획의 전체 틀은 영국 성공회에서 발간한 엠마우스(Emmaus) 전도 프로그램을 참조했으며, 4회에 나오는 '전도 스타일 설문'은 미국 윌로우크릭교회의 전도 유형 조사(Evangelism Style Questionnaire)를 축소 수정했습니다. 5회의 '깃발 전도'(flag evangelism)

는 William Peel과 Walt Carimore의 직장인을 위한 전도 가이드인 *Going Public with Your Faith*(Zondervan, 2003)에 나오는 'faith flags'를 소개한 것입니다.

6회라고 해서 6주를 해야 할 필요는 없습니다. 교회와 그룹의 상황에 따라 늘리거나, 줄여서 사용해도 됩니다. 그리고 전체 6회의 모임은 최종적으로 교회나 그룹 차원에서 미래의 성도들을 초대하는 구체적인 전도 행사(파티, 집회, 기타 등등)를 준비하도록 염두에 두고 진행됩니다.

   2부 복음전도 실행계획(action plan)과 관련된 자료는 새세대아카데미 홈페이지 www.newgen.or.kr에서 볼 수 있습니다.

미래 성도 발견하기

여는 질문 : 당신은 개인적으로 어떤 전도를 해 본 적이 있습니까?
또한 당신의 소감과 반응은 어땠습니까?

☐ 길거리에서 노방전도를 해보았다 ☐ 전도할 필요성을 못느낀다
☐ 가족이나 지인에게 신앙을 권유한 적이 있다
☐ 하고 싶으나 용기가 안난다 ☐ 그 외_____

1. 전도에 대한 이미지

많은 그리스도인들이 전도가 고귀한 사명인줄 알면서도 막상 전도를 하려면 부담스러워하고 두려워합니다. 아마도 '전도'를 생각하면 공공장소에서 소리를 지르는 전도자, 생면부지의 사람에게 떼를 두르고 전도지를 들고 접근하는 사람들이 떠오르기 때문이 아닐까요? 전도가

꼭 그렇게 유별나거나 공개된 장소에서 용감해야 하는 것은 아닙니다. 신약성경을 보면 전도는 주로 기존 인간관계망을 통해서 이루어졌습니다. 다음의 성경구절들을 읽고 누가 누구를 예수님과 만나게 했는지 살펴보십시오.

　　　　▨ 요1:40-42
　　　　▨ 막2:13-17
　　　　▨ 요4:28-30

종종 전도는 전도지를 배포하거나, 교인 등록수를 늘리는 것으로 그치는 경우가 많습니다. 하지만 전도는 인격적인 만남을 통한 신앙으로 나아가는 여정입니다. 베드로전서3:15~16a를 읽고, 이 구절이 우리에게 복음을 전할 때 어떤 자세로 임할 것을 가르쳐주는지 함께 생각을 나누어 보십시오.

"너희 마음에 그리스도를 주로 삼아 거룩하게 하고 너희 속에 있는 소망에 관한 이유를 묻는 자에게는 대답할 것을 항상 준비하되 온유와 두려움으로 하고 선한 양심을 가지라."

2. 왜 전도해야 하는가?

그리스도인들 가운데 전도해야 할 필요성을 강하게 못 느끼는 이들도 있습니다. 오늘날과 같이 종교들은 많고, 개인의 선택과 취향을 존중하는 분위기에서 자신의 신앙을 다른 사람에게 권하는 것은 시대에 뒤떨어지는 모습으로 보일 수도 있습니다. 하지만, 예수 그리스도를 믿는 것은 취향의 문제가 아니라, 생명의 문제입니다. 인간이 진정한 자신의 모습을 찾고 회복되는 가장 본질적인 길입니다. 당신의 주변에 예수님을 만나지 못한 사람들이 있음에도 불구하고, 당신에게 전도의 마음이 일어나지 않는다면 다음의 말씀들을 심사숙고하십시오.

1) 당신은 진심으로 하나님을 사랑하고 이웃을 사랑하십니까? (마 22:37-40)

당신이 구원의 즐거움을 경험했다면, 하나님을 사랑하게 될 것이고, 하나님을 사랑한다면 다른 사람들을 그 분의 사랑의 눈으로 볼 수밖에 없습니다. 아직 예수 그리스도를 모르는 사람들에게 당신이 줄 수 있는 가장 귀한 선물은 당신이 하나님으로부터 받은 사랑을 나누는 것입니다. 당신 주변에 믿지 않는 사람들을 하나님의 마음을 갖고 바라보십시오.

2) 당신은 진정으로 예수 그리스도를 따르는 삶을 살고 있습니까? (마28:19-20)

예수님께서 승천하시기전에 마지막으로 분부하신 말씀은 그의 증인이 되라는 것이었습니다(행1:8). 그리스도인은 곧 예수 그리스도의 증인된 사람들입니다. 우리의 모든 말과 행동을 통해서 주변에 믿지 않는 이들에게 예수 그리스도를 드러내고자 하는 열망이 없다면, 예수 그리스도께 내 삶을 온전히 헌신하고 있는지 진지하게 돌아봐야 합니다.

3) 하나님은 당신에게 전도의 책임을 물으실 것입니다(겔33:7-8).

마지막 때에 당신이 전도하지 않은 당신 주변의 사람들이 당신을 탓할 수 있습니다. 우리의 전도에 사람들이 어떻게 반응할지를 놓고 염려하지 마십시오. 하나님께서는 전도에 있어서 우리의 성과가 아닌, 우리의 신실함을 놓고 평가하실 것입니다. 사람의 마음을 변화시키는 것은 성령께서 하시는 일입니다. 우리는 복음을 전할 뿐입니다.

3. 전도의 기억 나누기

당신이 참여했던 교회의 과거 전도 활동들에 대해서 이야기를 나누어 보십시오. 좋았던 점과 아쉬웠던 점은 무엇이었습니까? 당신의 기억은 긍정적입니까, 부정적입니까? 더 좋은 결과를 위해서는 무엇을 개선해야 하겠습니까? 서로 솔직하게 이야기를 나누어 봅시다.

4. 누구를 전도할 것인가? (관계 맵핑)

1) 당신 주변에서 안 믿는 사람들의 명단을 마인드 맵 형식으로 만들어 보십시오.

■ 중앙에 당신의 이름을 적으십시오.
■ 당신 이름 위에는 당신의 가족과 친지 가운데 안 믿는 이들의 이름을 적으십시오.
■ 당신 이름 오른 편에는 친구나 지인 가운데 믿지 않는 이들의 이름을 적으십시오.
■ 당신 이름 아래에는 당신이 알고 있으나 교회에 다니지 않는 이웃의 이름(혹은 호칭)을 적으십시오.
■ 당신 이름 왼편에는 교인이면서도, 거의 신앙생활을 하지 않는 이들의 이름을 적으십시오.

2) 작성한 명단에서 당신이 일주일에 한번 이상 만나거나, 혹은 종종 연락을 나누는 사람들의 이름에 밑줄을 그으십시오.

3) 함께 모여, 서로 작성한 명단을 발표해보십시오. 우리 그룹 안에는 몇 명의 전도대상자가 있는지 계산해 보십시오. 그리고 그들 모두를 위해서 전도할 수 있는 문을 열어 달라고 기도합시오.

〈관계 맵핑〉

■ 가족/친지

_____

_____

_____

_____

_____

_____

■ 친구/지인

_____

_____

_____

_____

_____

_____

■ 명목상 교인

_____

_____

_____

_____

■ 이웃

_____

_____

_____

_____

2회
미래 성도를 위해 기도하기

여는 질문: 당신이 믿음을 갖도록 기도해주거나 도움을 준 이는 누구였습니까?

☐ 부모   ☐ 형제/자매/남매   ☐ 친척   ☐ 선배   ☐ 친구   ☐ 후배

☐ 선생/교수   ☐ 직장동료   ☐ 목회자/간사   ☐ 스스로

☐ 그 외_____

1. 믿음의 여정: 사람들은 어떻게 그리스도인이 되는가?

어떤 사람들은 단번에 그리스도인이 됩니다. 그러나 훨씬 더 많은 사람들은 점차적으로 그리스도인이 됩니다. 대부분의 경우에 전도는 여정에 가깝습니다. 모든 사람들은 각기 다른 인생의 여정 중에 있습니다. 전도는 단지 영접 기도를 하는 것으로 끝나지 않고, 사람들의 여

정이 하나님에게 더욱 가까이 가도록 돕는 것입니다.

누가복음 15장 11절부터 24절에는 돌아온 아들의 이야기가 있습니다. 이 이야기에서 둘째 아들의 경우를 보면, 하나님께로 나아오는 신앙 여정의 5단계를 발견할 수 있습니다.

단 계	상 태
1. 도피(13a) 아버지에게 분깃을 받아 떠남	하나님께 반항하고, 신앙을 거부하는 상태
2. 유배(13b) 멀리서 즐거운 시간을 보냄(13b)	하나님과 믿음에 관심이 없이 자기만족과 즐거움에 빠져 사는 상태
3. 자각(14~17) 궁핍 가운데 아버지의 필요를 느낌	인생의 한계를 경험하고 하나님의 필요성을 느끼는 상태
4. 구도자(18~19) 방향을 바꿔 집으로 돌아옴	교회와 신앙에 관심을 갖고 탐색하는 상태
5. 귀향자(20~24) 집으로 돌아와 아버지를 만남	하나님을 믿고 교회에 다니기로 결심하려는 상태

당신 자신의 신앙 여정을 돌아볼 때, 위의 단계에 해당되는 때가 있었습니까? 어떤 이들은 위의 단계가 모두 있는 경우도 있고, 어떤 이들은 압축해서 한꺼번에 경험하는 경우도 있습니다. 함께 자신의 경험을 나눠 보십시오.

2. 미래 성도를 위한 기도

전도는 기도로 시작해서 기도로 끝납니다. 왜냐하면 사람들의 마음을 변화시키는 이는 하나님이시기 때문입니다. 엄밀히 말해서, 전도자는 사람을 구원하시는 하나님의 역사에 겸손히 동참하는 것뿐입니다.

1) 조용히 기도하는 마음으로 당신의 전도 대상자를 다시 한 번 살펴보십시오.

2) 그들 가운데 당신이 앞으로 몇 주에 걸쳐 복음을 전할 대상을 3명 이하로 정하십시오.

3) 그들의 이름을 아래 여정진단표에 기입하십시오. 이들은 모두 당신이 어렵지 않게 만나거나 대화할 수 있는 사람들이어야 합니다.

이 름	단 계	상 태

3. 미래 성도의 영적 여정 진단

위의 단계 도표를 기준으로 전도 대상자들의 여정을 진단해보십시오.

영적 동반자	단 계	이 유

이들을 위해서 매일 시간을 정해 놓고 기도하십시오. 하나님께 당신과 그들의 만남을 위해서 기도하십시오. 당신의 마음에 그들을 품고 하나님의 사랑으로 대할 수 있도록 기도하십시오.

아웃리치를 위한 실천

이번 주와 다음 주 내에 당신이 정한 미래 성도에게 연락을 하거나, 그들과 가벼운 만남을 갖기 바랍니다. 전화나 문자, 이메일, SNS 등도 괜찮습니다. 더욱 좋은 것은 직접 만나는 것입니다. 혹시 그 동안 구면이면서도 제대로 인사를 못했다면, 이번 주간에 대화를 하면서 좀 더 알아갈 수 있는 기회를 가지십시오. 당신의 이야기를 많이 말하기 보다는, 질문을 하고, 성의 있게 들으십시오.

미래 성도를 섬기기

여는 질문: 당신에게 현재는 문제가 되지 않지만, 그리스도를 영접하기 전, 혹은 구원의 확신을 갖기 전 스스로에게 가장 힘들었던 점은 무엇입니까?

☐ 불안/우울 등의 정신적 갈등　　☐ 경제적 생활의 어려움

☐ 인간 관계의 갈등　　☐ 인생의 의미와 방향에 대한 혼란

☐ (병으로 인한) 육체적 어려움　　☐ 그 외 _____

1. 다른 사람을 섬기는 삶

1) 복음의 증인이 되는 삶의 첫 걸음은 전도 대상자를 하나님의 마음으로 품고, 그들을 위해 규칙적으로 기도하는 것입니다.

2) 두 번째 걸음은 그들을 섬기는 것입니다. 전도는 우리의 신앙을 먼저 말하는 것이 아닙니다. 기도 다음으로 해야 할 일은 그들을 사랑하고 섬기는 것입니다.

3) 예수께서는 섬김을 받으려 함이 아니라 섬기러 오셨다고 했습니다. 그분은 우리에게 다른 이들을 섬기는 자가 되라고 하셨습니다.

아래의 박스에 있는 글을 읽고 소감을 서로 나누어 보십시오.

에이미는 동료들을 그리스도께로 인도하기 위해 자신이 할 수 있는 모든 것을 하겠노라고 약속했다···한 여자 동료가 있었는데, 여기서는 그녀를 린다라고 부르겠다. 린다는 재혼하여 네 자녀를 보살피며 살고 있었다. 그러니 린다가 수많은 역할을 해내느라 매우 고단한 생활을 하는 것도 그럴만했다. 그녀는 자주 탈진했다. 에이미는 바쁜 스케줄을 쪼개어 할 수 있는 대로 그녀를 격려했다. 만성절, 크리스마스, 발렌타인데이가 되면 그녀는 네 아이를 위한 카드와 작은 선물을 마련했

다. 마음 문이 열리기 전에는 하나님에 대해서는 말하지 않았다. 그리고 그 기회는, 린다가 에이미에게 자신의 아버지의 죽음에 관해 이야기했을 때 찾아왔다. 알고 보니 린다는 그리스도인이었는데 수년 동안 교회에 가지 않았으며, 하나님과의 관계가 깊어지기 위한 훈련도 전혀 하지 않고 있는 상황이었다. 그녀는 영적인 사막 가운데 살고 있었고, 에이미는 오아시스가 되어 주었다. 오래지 않아 린다는 다시 하나님과 이야기하기 시작했다. (『매력적인 그리스도인』, 64-65)

2. 여정의 동반자를 위한 오아시스 제공하기

1) 조용히, 그리고 천천히 당신의 전도 대상자들을 생각하면서, 그들이 육체적으로나 정신적으로, 혹은 환경적으로 어떠한 상태에 있으며, 그들이 어떠한 필요를 갖고 있을지 적어 보십시오. (예: 과다한 업무, 외로움, 권태, 건강 등...)

2) 기도하면서, 당신이 그들의 필요를 어떻게 도울 수 있을지 방법을 생각해 보십시오.

3) 소그룹에서 함께 모여 서로 작성한 것을 나누어 보십시오. 그리고 다른 이들로부터 조언을 구해서 필요한 경우에는 방법을 수정해 보십시오.

여정 동반자	필 요	도울 방법

3. 섬김의 실천

1) 당신의 미래 성도를 섬길 수 있는 구체적이고 실제적인 방법 1~2가지를 정하십시오. 먼저, 미래 성도가 필요로 하거나 관심있는 것이어야 하며, 그리고 당신이 해줄 수 있는 것, 혹은 당신도 관심있는 것으로 정하십시오. 그러한 섬김을 이번 주간에 실천하십시오.

2) 소그룹의 다른 사람들에게 당신이 실천하기로 한 것을 알려 주고, 서로를 위해서 기도하십시오. 하나님께서 이 섬김을 통해 여러분의 전도 대상자들을 그의 사랑 가운데로 인도하시도록 구하십시오.

아웃리치 계획

여는 질문: 지난 한 주간 당신의 전도 대상자를 어떻게 섬기셨습니까? 섬김을 실천하고 난 후 어떠한 기분이 들었습니까? 섬김을 실천하지 못했다면 왜 그랬는지, 어떻게 하는 것이 더욱 자연스럽고 적절한 섬김의 방식이 될지를 서로 이야기 나누십시오.

1. 디딤돌을 세우라

디딤돌은 강 저편으로 건너가게 해주는 도구입니다. 아웃리치 프로그램은 미래 성도들을 교회의 교제권으로 끌어 들일 수 있는 '신앙의 디딤돌'을 세우기 위한 행사입니다. 이는 교회 안의 기존 모임이나 프로그램일 수도 있고, 또는 새롭게 고안된 행사일 수도 있습니다.

1) **문화 행사**: 기독교 메시지가 담긴 영화를 관람하거나, 건전한 문화 예술 공연에 초대함으로 교회와 더욱 가깝게 할 수 있습니다. 이러한 행사 뒤에, 친교 모임을 갖고 기독교 신앙에 대한 관심을 유도할 수 있습니다.

2) **공동체 프로그램**: 일반적으로 교회 내에는 남성 모임, 여성 모임, 부모 모임, 각종 취미 및 학습 모임 등이 있습니다. 이러한 공동체들의 모임에서 미래 성도들을 초대하는 파티나 세미나 등의 각종 프로그램들을 가질 수 있습니다.

3) **전도 미팅**(evangelistic meetings): 전도 대상자들만을 위하여 특별하게 준비되는 모임입니다. 일반적으로 재미있는 프로그램(공연, 강연, 영화 등)과 정성껏 준비된 식사, 그리고 기독교 신앙에 대한 간결한 소개와 신앙에 관한 대화의 시간 등으로 구성됩니다.

4) **봉사 활동**: 사람들은 의미있는 활동을 하고 싶어합니다. 그래서 자신들이 대접받는 것 뿐 아니라, 자신들도 남을 대접하고 봉사하는 일에 관심이 있습니다. 당신의 교회에서 하는 각종 봉사 활동에 전도 대상자들이 참여할 수 있는 기회를 제공하십시오.

2. 아웃리치 유형 발견

당신의 미래 성도가 필요로 하는 것을 고려할 때 당신의 교회나 그룹에서 디딤돌로 삼을만한 아웃리치 프로그램은 무엇입니까? 당신의 교회가 잘 할 수 있는 것이어야 합니다. 가장 많은 사람들이 관심을 갖고 참여할 수 있는 아웃리치 방안이 무엇일지 의논하십시오.

☐ 기독교적 메시지가 담긴 영화 관람　　☐ 연주회나 공연

☐ 육아/부부/건강과 같은 실용 세미나　　☐ 소그룹 파티

☐ 전도 집회/신앙 세미나　　☐ 스포츠 이벤트

☐ 교회 내 취미/배움/봉사 공동체 모임　☐ 그 외 _____

아웃리치 행사는 본 전도 계획의 최종 프로그램이기도 합니다. 따라서 6회의 실행 계획이 끝날 때, 아웃리치 준비가 되어 있어야 합니다. 어떤 유형의 아웃리치 프로그램을 준비할지 이번 회에 결정하십시오.

3. 전도 스타일 발견

당신의 교회나 그룹에서 전도 대상자들을 초대할 수 있는 디딤돌을 세우려 한다면 모든 구성원들이 참여해야 합니다. 전도는 특별히 은사를 가진 사람들만 잘할 수 있는 사역이 아닙니다. 전도는 우리 모두가 참여할 수 있습니다. 각자의 다양한 성격과 재능이 전도하는데 사용됩니다. 가장 바람직한 전도는 서로 협력하는 형태입니다.

나의 전도 스타일 발견하기

나의 전도 스타일 발견하기

다음의 설문들에 답을 기입하시고, 각 문항에 대한 점수를 아래 박스에 그대로 옮기십시오. 그 다음 오른쪽으로 점수를 합산해서, 총점을 적으십시오.

> 3= 아주 많이
>
> 2=어느 정도
>
> 1=약간, 혹은 거의 아님
>
> 0= 전혀 안 그렇다

1) 나는 사람들과 대화할 때 겉도는 얘기보다는 곧바로 요점을 밝히는 편이다. (　　)
2) 나는 사회적 관심사가 생기면 인터넷이나 서점에서 자료를 찾아본다. (　　)
3) 나는 내가 지금 하고 있는 활동에 새로운 사람들을 포함시키거나 추가시키는 것을 좋아한다. (　　)
4) 나는 사람들의 삶 속에서 다른 이들은 잘 못 보는 필요들을 잘 짚어내곤 한다. (　　)
5) 대화를 하다 보면, 나는 상대방의 느낌과 필요에 더욱 민감해진다. (　　)

6) 나는 사람들과 다소 어려운 주제들을 놓고 토론을 하는게 즐겁다. (　　)

7) 다른 사람들은 새로운 친구들을 사귀는 내 능력을 높이 산다. (　　)

8) 나는 다른 이들을 도움으로써 성취감을 느끼며, 때로는 무대 뒤편에서 조력자 역할을 하는 것을 즐긴다. (　　)

9) 사람들과 대화를 할 때, 나는 개인적인 경험과 관련된 이야기 하는 것을 좋아한다. (　　)

10) 나는 때로 사람들이 허약한 논증이나 빈약한 논리를 사용할 때면 실망하곤 한다. (　　)

11) 나는 사람들과 함께 갈만한 좋은 공연이나 행사가 어디에 있는지 관심이 많다. (　　)

12) 영적으로 마음 문을 닫아 놓은 사람들에게는, 조용히 기독교적 사랑을 보여주는 것이 때로 그들을 더욱 수용적이 되게 한다는 것을 발견한 바 있다. (　　)

13) 사람들은 내가 살면서 겪은 이야기들을 말하면 관심을 보이곤 한다. (　　)

14) 나는 사람들이 흥미롭게 여기거나 유익을 얻을 수 있는 다양한 행사, 서적 등에 늘 관심을 갖는다. (　　)

15) 내가 가장 행복해하는 순간은 알고 지내던 사람을 적당한 교회 모임에 손님으로 데려올 때이다. (　　)

16) 솔직히 말해서, 내가 비록 대답을 알고 있어도 "더욱 자질을 갖춘" 다른 사람이 내 친구들에게 기독교를 설명해주도록 양보하는 게 더욱 편하다. (　　)

17) 나는 다른 사람들과 대화할 때 다소 직설적인 표현으로 인해 오해를 받기도 한다.(   )
18) 나는 다른 사람들이 다른 의견을 내놓으면 왜 그런 생각을 하는지 이유가 궁금하다. (   )
19) 나는 처음 만난 사람의 연락처를 내 핸드폰에 바로 저장하는 편이다. (   )
20) 나는 신앙을 변호하고자 토론하고 주장하는 것보다 그리스도의 사랑으로 사람들의 필요한 것들을 돕는 게 더욱 편하다.(   )

평가 및 유형 발견

#1	#5	#9	#13	#17	합계=	설득자
#2	#6	#10	#14	#18	합계=	설명자
#3	#7	#11	#15	#19	합계=	커넥터
#4	#8	#12	#16	#20	합계=	서번트

위의 설문은 윌로우크릭교회에서 사용하는 '전도 스타일 설문지'(evangelism style questionaires)를 참조 수정해서 만들었습니다.

당신의 유형은 무엇입니까?

1순위	
2순위	

4. 협력하여 선을 이룸

설득자: 직접적으로 복음을 호소력 있게 전할 수 있는 유형입니다. 꼭 설교나 선포를 하는 사람이 아닙니다. 설득자는 진솔한 간증이나 삶의 이야기를 통해서 다른 이들이 공감하고 응답할 수 있는 스토리텔러라고 볼 수 있습니다.

설명자: 기독교 신앙과 교회 생활에 대해서 차근차근 가르쳐주는 유형입니다. 또한 행사나 프로그램을 체계적으로 계획하고, 아이디어를 내는 이들입니다. 교회의 목회자나 리더들이 이런 역할에 해당되는 경우가 많습니다.

커넥터: 인간관계가 풍부하고 넓은 유형입니다. 커넥터는 낯선 사람과 금방 친해질 수 있습니다. 이런 유형의 사람들은 새로운 사람이 왔을 때 환영해주거나, 교회 밖의 사람들을 교회로 데리고 오는데 중요한 역할을 합니다.

서번트: 앞에 나서지는 않지만 뒤에서 필요한 일들을 처리해주는 유형입니다. 사람들이 모였을 때, 필요한 일들(간식준비, 연락 등)을 챙겨주면서 모임이 원만하게 이루어지도록 도와줍니다.

1) 설문 결과에 대해서 어떻게 생각하십니까? 각자의 결과에 대해서 알려주고, 서로 동의하는지, 혹은 다르게 생각하는지 함께 이야기를 나누십시오.

2) 당신의 유형과 성격이 아웃리치 행사를 계획하는데 어떻게 기여할 수 있을지 의논하십시오. 여러분의 소그룹에서 혹은 교회에서 서로의 재능이 잘 조화되어서, 사람들을 그리스도께로 인도하는데 사용되게 해달라고 함께 기도하십시오.

5회
영혼을 살리는 대화

여는 질문: 지금까지 살면서 들었던 말들 중에, 당신 자신에게 가장 힘이 되는 격려나 칭찬은 무엇이었습니까?

복음을 우리의 언어로 전하는 것은 전도의 핵심입니다. 종종 우리는 믿지 않는 사람들이 종교에 관해서 이야기하는 것을 싫어할 것이라고 지레 겁을 먹습니다. 하지만 사람들은 하나님에 관해서 이야기를 나누고 싶어 합니다. 문제는 하나님에 관해서 우리가 이야기하는 방식입니다. 많은 그리스도인들은 대화의 장을 마련하는 일보다 구원의 공식을 주도적으로 설명하는 것을 전도라고 단정하는 경향이 있습니다. 우리가 사람들이 과정을 통해 회심에 이른다고 가정한다면, 전도는 상대와의 신뢰 관계에서 이루어지는 영적 대화여야 합니다.

1. 깃발 전도(faith flags): 믿음의 신호를 보내라

깃발 전도는 사람들과의 대화 속에서 우리가 가지고 있는 믿음의 신호를 보낼 수 있는 가장 단순하면서도 부담스럽지 않은 방법입니다. 이는 하나님과 예수님이 누구이신지, 인간은 왜 죄인이며 어떻게 구원받을 수 있는지와 같은 기독교 신앙의 핵심을 설명하는 것이 아니라, 우리에게 소중한 신앙을 표시하는 것입니다. 깃발 전도를 하기 위해서는 그 동안 섬김을 통해서 좋은 인상을 남겼어야 합니다. 따라서 깃발 전도란 자연스런 일상생활에서 기독교 신앙이 당신에게 중요한 가치임을 살짝 보여주는 신호입니다.

깃발 전도의 원리들은 다음과 같습니다.

1) 상대로 하여금 당신의 신앙을 인식하게 해주는 짧은 진술입니다.
2) 대화 가운데 자연스러운 일부로 드러나야 합니다.
3) 생뚱맞은 말이어서는 안 되며, 대화의 주제와 연관성이 있어야 합니다.
4) 짧은 문장이어야 하며, 아무리 길어도 20초를 넘지 않도록 합니다.

〈예〉

상대방이 일을 잘했을 경우

=〉 "하나님께서 당신에게 깔끔하게 일 처리하는 재능을 주셨군요."

상대방이 자신의 어려움이나 고충을 토로했을 때

=〉 "힘드시겠군요. 당신이 괜찮으시다면, 당신을 위해서 기도해드리겠습니다."

상대방이 당신이 한 일을 칭찬했을 때

=〉 "저도 잘은 못하지만, 성경이 가르치는 원리를 따르려고 애쓸 뿐입니다."

상대방이 당신의 어려운 상황에 대해 걱정을 할 경우

=〉 "힘들 때마다 기도를 하면서 마음을 다스리고 평안을 찾는답니다."

깃발 전도에서 유의할 점은 다음과 같습니다.

1) 자신이 속한 교회나 교단을 홍보하려고 하기보다 신앙 그 자체 (하나님, 성경, 기도 등)를 중요하게 여기는 모습을 보여주십시오.
〈예〉 "우리 교회는 구제 활동을 많이 하기로 소문난 교회입니다."

2) 기독교 신앙을 율법적인 규칙의 목록으로 오해시키지 않도록 하십시오. 〈예〉 "제가 술을 안 먹는 것은 기독교 신앙에 위배되기 때문입니다."

2. 내가 만난 예수 그리스도

사도행전 26장에서 바울은 아그립바 왕 앞에서 자신의 예수를 믿기 전과 예수를 만난 때, 그리고 예수를 믿은 후의 변화에 대해서 설명했습니다. 누구나 자신의 인생여정을 전도 이야기로 담을 수 있습니다. 당신이 예수 그리스도를 만난 이야기를 들려주십시오. 거창하거나 기적적인 간증을 할 필요는 없습니다. 물론 도움이 될 수도 있겠지만, 사람들은 자신과 비슷한 처지의 평범한 이들이 전해주는 경험담에 더욱 흥미를 갖습니다. 이야기 전도는 누구나 할 수 있는 일입니다.

1단계
아래 질문들 가운데서, 당신에게 해당되는 질문에 대해서 답을 작성하십시오.

• 하나님을 믿기 전 당신의 상태는 어땠습니까? (감정, 삶의 자세, 인간관계…)

• 당신에게 하나님을 찾게 만든 필요는 어떤 것이었습니까?

• 예수님을 만나게 했던 깨달음은 무엇이었습니까?

• 예수 그리스도께 삶을 드린 이후 당신에게 일어난 변화는 무엇입니까?

• 하나님과의 관계에서 기쁨이나 평안, 친밀감을 느꼈던 경험은 무엇입니까?

• 하나님께서 당신에게 그의 뜻과 목적을 분명하게 말씀하시고 인도하신 경험이 있습니까?

2단계

자신이 경험했던 것을 고른 뒤 각각에 대한 짧은 이야기를 쓰십시오.

BC 예수님을 만나기 전	
✞ 예수님과의 만남	
AD 예수님을 만난 이후	

개인적 스토리텔링에서 유의할 점

• 대본이나 독백이 아니라 자연스럽고 인격적인 대화여야 합니다(골4:6).

• 미리 할 말을 준비하십시오(벧전3:15). 당신이 긴장하면 상대도 긴장합니다.

• 많은 이야기를 하지 마십시오. 예수 그리스도를 만난 이후로 당신에게 일어난 변화에 초점을 맞춰 1분을 넘지 않도록 구성하십시오.

• 신앙을 증명하거나 자신의 언변으로 설득해야 한다는 부담감을 갖지 마십시오. 당신은 보고 경험한 바를 이야기하는 중인일 뿐입니다. 사람의 마음을 바꾸는 일은 성령께서 하십니다.

〈찰스 콜슨의 예〉

찰스 콜슨은 1970년대 미국 닉슨 대통령 보좌관으로 최고의 권력을 누리다가, 워터게이트 사건에 연루되어 감옥에 갔습니다. 그러나 그는 이 과정에서 예수님을 인격적으로 만나고 완전히 변화되어 출옥 후 전 세계적으로 교도소 선교 사역을 주도하는 위대한 복음전도자가 되었습니다.

"평생을 두려움에 벌벌 떨며 살아온 사람. 예수님이 주시려는 자유를 누리지 못하고 두려움이란 감옥 속에서 평생을 썩어 온 사람. 그러다 자유의 예수님을 만나 갑자기 마음에 자신감이 솟아났다. 평생 인기에 연연하며 살아온 사람. 이미지 관리를 통해 사람들의 이목을 끄는 데만 평생을 바쳐 온 사람. 그러다 예수님을 만났다. 이제는 남몰래 섬기는 일에만 관심을 쏟는다. 청중을 열광시키려는 몸부림을 멈추니까 말할 수 없는 자유가 용솟음친다." (빌 하이벨스, 「사랑하면 전도합니다」 두란노, 161)

3. 아웃리치 실천

아웃리치 행사를 위해 각자의 역할을 분담하십시오. 어떤 아웃리치 프로그램을 하느냐에 따라 필요한 역할은 다양합니다. 간식, 홍보, 연락, 기획, 기도 등의 일들을 관심, 재능, 경험에 따라 서로 나누어 준비하십시오.

6회
신앙으로의 초대

여는 질문 1: 지금까지 당신의 전도 대상자와 나눴던 대화와 시간들을 회상해 보십시오. 얼마나 당신의 계획대로 진행되어 왔습니까?

여는 질문 2: 당신을 교회로 나오게 하는, 혹은 당신의 마음에서 예수님을 영접하게 만들었던 계기가 되는 상황은 어떤 것이었습니까?

☐ 전도 집회   ☐ 소그룹 성경공부   ☐ 노방전도   ☐ 예배
☐ 찬양   ☐ 성경/신앙서적   ☐ 수련회   ☐ 기도회
☐ 특이한 계기가 없음   ☐ 그 외_____

이제 미래 성도를 신앙의 세계로 초대하도록 아웃리치를 실행할 단계에 왔습니다. 이번과는 4과에서 계획했던 아웃리치를 실행하도록 최종 점검을 합니다. 그동안 미래 성도를 섬기고 그와 영적인 대화를 나눴다면, 교회의 교제권으로 그들을 초대하십시오.

1. 새로운 손님을 맞이하기 위한 점검

1) **이름표**: 손님이 아닌 기존 교인들이 이름표를 달도록 합니다.
2) **주차장**: 편하고 가까운 곳에 손님들이 쓸 수 있도록 자리를 마련합니다.
3) **환영**: 입구에 능숙하고 친절한 안내자들을 배치합니다.
4) **표지**: 모임 장소를 알려주는 표지판을 설치합니다.
5) **탁아**: 사전에 베이비케어가 필요한지 알아보고 준비합니다.
6) **애프터케어**: 행사가 끝난 뒤, 5일 안으로 참석자들에게 개인적으로 안부를 묻습니다.

위의 일들을 누가, 어떻게 담당할지 의논하십시오. 그리고 행사 전에 미리 도착하여 모든 상황을 점검하십시오.

2. 기도 카드와 핫라인 개설

1) **기도 카드**: 아웃리치 프로그램을 진행하는 중, '기도 카드'를 나눠

줘서 작성하게 하는 것도 좋습니다. 사람들이 다과를 즐기는 시간에,
사람들에게 (1) 기도 요청하고 싶은 일들

(2) 기독교에 관한 질문들

(3) 교회 출석 / 신앙에 대한 관심 여부 등을 묻는 카드를
나눠주고 작성하게 하십시오.

2) 핫라인: 교회로부터 도움을 얻기 원하는 이들을 위한 핫라인 개
설을 고려하십시오. 성경, 영성, 인간관계, 재정, 건강 등에 관한
전문가들이 있다면, 그들로 핫라인 팀을 구성하여 적절한 훈련(교
회를 대신해서 사람들을 대하는 방법 등)을 시키고, 아웃리치 프로그램
참석자들에게 교회에서 기독교 신앙에 관한 질문이나 생활에 도
움을 제공하는 핫라인이 있음을 알려주십시오. 시간과 방법(전화,
이메일, 문자, SNS)도 알려주십시오.

3. 아웃리치 후속 계획

아웃리치 프로그램 이후가 더욱 중요합니다. 이제는 그들을 교회의
예배나 모임으로 초대해야 합니다. 물론 미래 성도가 출석하고 신앙을
갖기까지는 훨씬 더 많은 시간이 걸릴 수 있습니다. 어쩌면 이미 교회
에 올 준비가 되어 있을 수도 있습니다. 결과는 성령의 역사에 맡기고,
우리는 교회와 신앙 공동체로 초대해야 합니다. 전도는 100% 성령의
역사이면서, 100% 인간의 일이기도 합니다.

1) **예배로의 초대**: 하나님은 예배하는 자를 찾으십니다(요4:23). 전도는 예배자를 만드는 것에 목적을 두어야 합니다. 사람들이 예배를 싫어하고 멀리할 것이라고 지레 단정하지 마십시오. 인간에게는 누군가를 예배하고자 하는 마음 속 깊은 종교적 본성이 있습니다. 하나님이 예배하는 자를 찾으시기에, 예배는 하나님이 역사하시는 장입니다. 사람들은 예배에서 하나님의 말씀을 듣고 마음의 변화를 받아야 합니다.

지금까지 당신의 전도 대상자를 섬기고, 그와 신앙의 이야기를 나누었다면 예배에 함께 참석하도록 권유하십시오. 예배에 어떻게 참여해야 하는지 순서와 준비할 것을 간단히 알려주십시오. 통계에 의하면, 사람들이 신앙을 갖게 된 계기들 가운데 예배 참석은 가장 높은 응답률을 보이고 있습니다. 예배에 참석하면서 서서히 교회에 익숙해지게 되고, 그러는 가운데 신앙의 경험을 더욱 깊어지게 만드는 성경공부나 공동체 모임에 참여할 수 있습니다.

2) **초신자 교육**: 당신의 교회에 초신자를 위한 신앙입문 교육과정이 있습니까? 만약 없을 경우, 새로운 초신자 교육과정을 개설할 것을 적극적으로 고려하십시오.
   (1) 사람들은 성경과 기독교에 대해 알고 싶어 합니다.
   (2) 아웃리치 프로그램에 참여한 뒤, 지속적으로 기독교 신앙을 탐구하고 싶어 하는 사람들이 생길 수 있습니다.

(3) 의외로 교회에는 초신자들을 위한 편안하고 적절한 교육과정
    이 없는 경우가 많습니다. 기독교에 대한 사전 지식이 없고, 아
    직 동의하지 못해도, 이상한 사람으로 취급받지 않는 안전한
    분위기의 과정을 만드십시오.

초신자 교육은 세례나 입교를 위한 교육과 연결되면 더욱 분명한
동기를 갖게 됩니다.

3. 공동체 소속

예배에 출석하고, 초신자 교육을 수료했다 하더라도, 교회의 책임
있는 구성원이 되기 위해서는 성도의 교제가 매우 중요합니다. 서로
다른 신앙 여정의 지점에 있는 이들끼리 서로 돕고 위하여 기도하며
권면하는 공동체는 필수입니다. 미래 성도에게 도움이 되고 잘 어울리
는 신앙 공동체가 당신의 교회에는 어떤 것들이 있는지 미리 살펴보십
시오. 이러한 신앙 공동체를 통해서 사람들은 교회에 잘 정착하며 더
욱 강한 소속감을 갖게 됩니다.

부록

영접기도문
복음제시 예화
내가 문 옆에 서서

부록 Ⅰ

영접 기도문

하나님, 저는 지금 하나님 앞에 나아오려고 합니다.

저는 하나님이 이 세상을 만드셨고 저를 만드신 것을 믿습니다.

저는 하나님께서 제 삶에 목적을 갖고 계신 것을 믿습니다.

저는 제가 죄를 지었으며 저 자신을 제일로 생각했음을 인정합니다.

저는 하나님의 아들 예수 그리스도가 이 세상에 오셔서

나의 죄를 위해 죽으시고 다시 살아난 것을 믿습니다.

예수님, 제 삶을 지금 받아주십시오.

제 삶으로 들어오셔서 제 안에 거하시옵소서.

저의 죄를 용서하시고,

제 안에 당신의 생명을 주옵소서.

예수님을 따르는 삶을 살도록 도와주옵소서.

부록 II

복음제시 예화

1. 물고기가 물에서 나오면 살 수 있는가?

죽는다. 나무가 땅에서 뽑히면 살 수 있는가? 죽는다. 물론 바로 죽지는 않는다. 물고기는 아가미로 끝끝내 숨을 이어가다가 결국에는 죽을 것이며, 나무도 자기 안에 있는 양분으로 생명을 유지하다 죽을 것이다. 인간도 마찬가지다. 인간이 하나님에게서 벗어나면 잠시는 살아있는 것처럼 보이지만, 결국에는 죽을 것이다. 고로 사람은 하나님과 관계되어야 한다.

2. 그게 문제군요

어떤 한 젊은이가 경건한 마음을 가진 노교수님을 찾아가서 얘기를 합니다.

"사람이 죽기는 꼭 죽는가보지요?"

"그럼."

"그럼 죽기 전에 미래를 위해서 준비해야 되겠군요."

"그럼."

"그 준비하는 데에 시간이 얼마나 걸립니까?"

"그거야 그저 몇 분이면 되지. 성경에 보면 예수님께서 십자가를 지 시는데 옆에 있던 강도가 죽기 몇 분 전에 딱 한마디 말하고 구원받 지 않았나? 그렇게 시간 많이 안걸려. 죽음 준비하는 것은 그저 몇 분이면 돼."

"간단하군요. 그러면 더 좀 실컷 놀다가 마지막 죽기 전에 예수님을 믿으면 되겠군요."

노교수는 그에게 물었습니다.

"내가 한 가지 묻겠는데 자네, 언제 죽을 줄 아나?"

"그게 문제군요."

3. 두 글자와 네 글자

기독교와 다른 종교들의 차이점은 무엇인가? 빌 하이벨스 목사는 이를 두 글자와 네 글자의 차이로 설명한다. 세상의 다른 모든 종교들 은 두 글자다. 즉, '하라'(DO)는 것이다. 구원을 받기 위해서, 의로운 사 람이 되기 위해서 우리는 무엇인가를 해야 한다는 것이다. 그러나 기 독교는 네 글자의 종교다. 즉, '이루었다'(DONE)는 것이다. 구원을 받고 선하게 되기 위해서 인간이 무엇을 하는 것이 아니라, 하나님이 예수 그리스도를 통해서 우리를 위해 구원을 이루셨다는 것이다.

4. 공자님, 부처님, 예수님

예수를 믿으려고 고민하던 한 청년이 어느날 꿈을 꾸게 되었다. 꿈에서는 그는 깊은 구덩이에 빠져 있던 것이다. 아무리 발버둥을 치고 구덩이에서 나오려고 해도 나올 수가 없었다. 그렇게 지쳐있는데 공자님이 나타나셨다. 그리고는 그 청년을 꾸짖으셨다. "자네, 내가 그렇게 걸을 때 조심하라고 가르쳤건만, 어쩌다 실수해서 거기에 빠지고 말았나. 쯧쯧쯧..." 그렇게 질책을 한 후 공자님은 지나가셨다. 얼마 후 부처님이 나타나셨다. "자네, 열심히 노력해서 그 구덩이에서 나오기만 하게. 그럼 내가 여기서 자네를 편하게 잘 보살펴 주겠네. 힘써서 탈출하게." 그러나 청년이 이 방법 저 방법을 다 써봐도 구덩이에서 나올 수가 없었다. 마지막으로 예수님이 나타나셨다. 예수님은 아무 말씀도 안하시고 친히 그 구덩이 속으로 내려오셨다. 그리고는 그 청년을 안고 구덩이를 빠져 나오셨다. 구덩이에서 나오다가 예수님의 온 몸도 거친 돌에 긁히며 상처 투성이가 되었다. 그러나 결국 예수님은 그 청년을 데리고 나오셔서 그에게 먹을 것과 마실 것을 주고, 그의 상처난 몸을 고쳐주셨다.

5. 수영으로 대양을 횡단하기

아무런 도움도 받지 않고 거대한 대양을 헤엄쳐 횡단하기로 했다고 가정하자. 수영을 제법 하는 보통 사람은 수영을 전혀 못하는 사람보다 조금 더 멀리 갈 수 있을 것이다. 올림픽 수영시합에서 금메달을

딴 선수는 모든 보통 사람들보다 훨씬 더 멀리 갈 수 있을 것이다. 그러나 엄연한 사실은 그 누구도 횡단을 완성할 수 없다는 것이다.

이것이 바로 혼자 힘으로 하나님의 기준에 합당하게 살겠다는 시도와 같은 것이다. 우리는 '모두' 하나님의 영광에 이르지 못했다고 성경은 말한다. 우리 모두는 영혼의 온전한 구원을 얻기 위해서 하나님의 도움이 필요하고, 오직 그리스도만이 이 구원을 가능하게 하신다.

6. 개미와 곤충학자

어떤 곤충학자가 개미를 관찰하고 있었는데, 개미 떼가 계속해서 이어가다가 벼랑으로 가는 것이었다. 그렇게 계속 가다가는 몰살하게 된 상황이었다. 그런 상황에서 곤충학자가 아무리 개미들에게 말해도 개미들은 곤충학자의 말을 알아 들을 수가 없었다. 이에 곤충학자는 너무도 안타까운 나머지 "내가 개미가 되어 저들을 인도한다면, 저들이 벼랑으로 떨어져 몰살되지 않을텐데.." 라고 독백을 한다. 결국 곤충학자가 개미를 너무도 사랑한 나머지 그들을 살리기 위해서 개미가 되었다면, 이 얼마나 놀라운 일인가!

예수님은 하나님이셨으나 죽음으로 치닫는 우리 인생들을 구하시기 위해서 인간이 되셨다. 하늘의 하나님이 영광스러운 하늘의 보좌를 버리시고 연약한 인간의 몸으로 낮고 낮은 이 땅에 내려오신 것이다. 우리 인생들을 너무도 사랑한 나머지 우리들을 구원하시기 위해서 말이다.

7. 하나님이 살아계시다면

"하나님이 계시다면, 어떻게 히틀러가 600만명의 유대인을 살해하 도록 내버려 두실 수 있습니까?"

답변: "만일 절대적 선이신 하나님이 계시지 않는다면, 히틀러가 600만명의 유대인을 죽인 것이 왜 잘못되었단 말인가? 하나 님이 계시지 않다면 어떤 일을 해도 상관이 없다."

8. 응보가 아니라 은혜

CNN 라이브 토크쇼인 〈래리 킹 라이브〉 프로그램에 세계적인 록밴 드 U2의 리드싱어인 보노(Bono)가 출연했다. 크리스천인 보노에게 래 리 킹이 한 가지 질문을 던졌다.

"기독교가 여타 종교와 다른 점은 무엇입니까? 기독교에 대란 종교 에 없는 무엇이 있나요?" 보노는 잠시 뜸을 들이다가 대답했다. "세상의 모든 종교는 설명하는 방식은 달라도 결국은 응보를 가르 치고 있습니다. 자기가 지은 죄에 대한 대가를 자신이 받아야 한다 는 가르침이죠. 하지만 기독교는 예수 그리스도께서 우리가 받아 야 할 대가를 대신 담당하셨다고 가르칩니다. 우리는 그분의 은혜 로 우리가 이 땅에서 지은 죄의 대가를 피할 수 있습니다."

9. 아무 것도 하지 않아도 돼

아기를 낳지 못하는 어떤 젊은 부부가 기독교 입양 기관을 찾아가 입양을 문의했다. 마침 돌봐줄 가정이 필요한 열 살 짜리 남자아이가 있다는 소식이 찾아왔다. 부부는 기뻐서 어쩔 줄을 몰랐다. 부부는 아이에게 줄 방을 꾸몄다. 축구공과 배구공 무늬의 벽지도 새로 바르고 예쁜 침대로 새로 들여 놓았다. 물론 남자아이가 좋아할만한 장난감도 잔뜩 사 놓았다.

입양기관에서 새 집으로 온 아이는 멋진 방을 보고는 깜짝 놀랐다. 스포츠 장비며 온갖 장난감과 침대, 예쁜 벽지, 꿈도 꾸지 못했던 것들이다. 하지만 아이는 전혀 행복해 보이질 않았다. 오히려 걱정이 가득한 얼굴이었다. 이상해진 부부는 뭐가 문제냐고 묻자 아이는 뜻밖의 말을 했다.

"이걸 다 주신다고요? 이곳이 내 방이라고요? 좋긴 한데, 그걸 받는 대가로 제가 뭘 해야 하죠? 제가 어떻게 하면 좋겠어요?"

부부는 소년의 질문에 어안이 벙벙했다. "아무것도 하지 않아도 돼. 그냥 우리를 사랑하기만 하면 된다. 우리는 이미 너를 사랑하고 있어. 그러니 너도 우리를 사랑했으면 좋겠다. 그것뿐이야. 더 이상 네가 할 일은 없어. 이 방과 이 안의 모든 것은 그냥 우리가 너를 사랑해서 주는 거란다."

구원도 마찬가지다. 하나님은 우리에게 구원을 선물로 주신 것이다. 우리가 구원을 얻기 위해 해야 할 일은 없다. 구원받을 자격이 없어도 상관없다. 하나님이 원하시는 것은 우리의 사랑 뿐이다. (「토니 캠폴로의 회복」에서)

10. 무신론자가 되어서 행복해진 사람을 본 일이 있는가?

하나님이 없다고 믿으니까 인생의 의미와 목적이 생겼고, 희망을 갖게 되었다고 말하는 사람이 있는가? 하나님이 없다고 믿으니까 자기 인생이 변화되었다고 말한 사람을 본 일이 있는가? 그러나 하나님을 믿고 예수님을 만나 인생이 180도 달라졌다고 말하는 사람들은 셀 수 없이 많다.

내가 문 옆에 서서(I stand by the door)

저자: 샘 슈메이커(Sam Shoemaker)

번역: 김선일

나는 문 옆에 서 있습니다. 너무 가까이 서 있지도 않고, 너무 멀리 가 있지도 않습니다. 그 문은 세상에서 가장 중요한 문입니다. 그것은 사람들이 하나님을 찾을 때 통과하는 문입니다. 많은 사람들이 아직도 바깥에서 어디에 문이 있는지 알고 싶어 하는데 문 안쪽에만 머물러 있으면 아무 도움이 되지 않습니다. 그리고 많은 이들이 기껏 발견하는 것은 문이 있어야 할 자리를 막고 있는 벽뿐입니다. 그들은 소경처럼 살금살금 기어가며, 팔을 펴서 벽을 더듬고 있습니다. 문이 분명히 있음을 알고, 그 문의 감촉을 느끼기도 하지만, 그들은 결코 문을 찾지 못합니다 … 그래서 나는 문 옆에 서 있습니다.

세상에서 가장 위대한 일은 사람들이 이 문, 즉 하나님께로 가는 문을 발견하는 것입니다. 인간이 할 수 있는 가장 중요한 일은 소경들을 인도해서, 더듬거리는 그들의 손을 잡아 문고리에 얹혀주는 것입니다.

그 문고리는 오직 인간이 직접 잡아야만 열리게 되어 있습니다. 혹독하게 추운 겨울밤, 밖에서 죽어가는 걸인들 마냥 사람들도 문 밖에서 죽어갑니다. 그들 손에 아무것도 잡지 못한 채 죽어가고 있습니다. 그들은 또한 문 밖에서 지내고 있습니다. 문을 발견하지 못한 채 살고 있습니다. 그들로 하여금 문을 찾도록 해주고, 문을 열고 안으로 들어가 그 분을 발견하는 일에 비견될 만큼 중요한 것은 없습니다. 그래서 나는 문 옆에 서 있습니다.

들어가시오, 위대한 성도들이여. 안으로 깊이 들어가십시오. 구석 깊은 곳의 지하 방으로 들어가십시오. 그리고 널찍한 위층 방으로도 올라가십시오. 그곳은 아주 넓은 집이며, 하나님이 거하시는 곳이라오. 은밀한 여닫이 창이 있고, 물러가 조용히 침묵할 수 있는 성스러운 심연의 장소로 가시오. 어떤 이들은 이처럼 내밀한 방을 차지해서 하나님의 깊고 높으심을 깨닫게 됩니다. 그리고 바깥에 있는 남은 우리들에게 그곳이 얼마나 놀라운지를 소리쳐 말합니다. 때로 나는 안쪽을 자세히 살펴봅니다. 때로는 좀 더 안쪽으로 들어가 보기도 합니다. 그러나 내 자리는 입구에 더 가깝습니다. 그래서 나는 문 옆에 서 있습니다.

내가 여기에 서 있는 다른 이유가 있습니다. 어떤 사람들은 안으로 약간 들어왔다가 겁을 먹습니다. 하나님과 그 분의 집을 향한 열정이 자신들을 집어 삼킬까봐 두려워합니다. 왜냐하면 하나님은 매우 장엄

하시고, 우리의 모든 것을 살피시기 때문입니다. 그리고 이런 사람들은 우주적 밀실공포증을 느끼고 있습니다. 그래서 바깥으로 나오고 싶어합니다. "날 내어 보내주세요!"라고 그들은 절규합니다. 그런데도 안에 있는 사람들은 그들을 더욱 겁에 질리게 하곤 합니다.

누군가는 문 옆에 서서 그들은 손상을 입었다고 말해야 합니다. 과거의 삶에서 그들은 너무 많은 것을 보았기 때문입니다. 일단 하나님을 맛보라고, 그러면 하나님 외에 아무 것도 그들에게 더욱 필요한 것이 없을 것이라고 말해야 합니다. 누군가는 겁에 질려서 방금 들어온 곳으로 빠져나가려 하는 이들을 살펴봐야 합니다. 그들에게 안쪽이 얼마나 좋은지를 말해줘야 합니다. 너무 안쪽 깊숙이 들어와 있는 성도들은 이런 사람들이 당혹감에 사로잡혀 곧 떠나려하고 있음에도 그 사실을 모르고 있습니다. 누군가는 문으로 들어온 사람들을 살펴봐야 합니다. 그들 역시 빠져나가려 하기 때문입니다. 나는 문 옆에 서 있습니다.

나는 안에 들어와 있는 이들을 존중합니다. 그러나 나는 그들이 들어오기 전이 어땠는지를 잊지 않기를 바랍니다. 그러면 그들은 아직 심지어 문도 발견하지 못한 이들을 도와줄 수 있을 것입니다. 또는 다시금 하나님을 떠나려는 자들도 도와줄 수 있을 것입니다. 당신은 안으로 깊숙이 들어가서 오랫동안 머물 수 있습니다. 그러다가 문 밖에 있는 사람들을 잊어버릴 수 있습니다.

나는 늘 있던 자리를 지키겠습니다. 하나님의 음성을 듣고 그 분이 함께 하심을 느끼기에 충분히 가까우면서도, 사람들의 소리를 듣기에 멀지 않은 곳입니다. 또한 사람들이 있는 곳을 기억할 수 있는 곳입니다. 어디일까요? 문 밖에는 수천, 수백만의 사람들이 있습니다. 그러나 내게 더욱 중요한 것은 그들 가운데 한 사람, 두 사람, 열 사람의 손들을 문고리 위에 얹혀주는 일입니다. 그래서 나는 문 옆에 서서 문을 찾는 사람들을 기다리고 있습니다.

"내 하나님의 성전 문지기로 있는 것이 좋사오니…."(시84:10)

그래서 나는 문 옆에 서 있습니다.

저자인 슈메이커는 목회자이자, 알콜중독자를 치료하고 회복하기 위한 "무명의 알콜중독자를 위한 12단계 치료"(the 12 Steps of A. A.) 프로그램을 창안하고 지도한 전도자입니다.